Le mythe de l'individu

Du même auteur

Chez le même éditeur

Malgré tout. Contes à voix basse des prisons argentines, 1982.
Transferts. Argentine, écrits de prison et d'exil, en collaboration avec Francisco Sorribès Vaca, 1983.
Utopie et liberté. Les droits de l'homme : une idéologie ?, 1986.
Critique du bonheur, en collaboration avec Edith Charlton, 1989.
Cette douce certitude du pire, en collaboration avec Edith Charlton, 1991.
Penser la liberté. La décision, le hasard et la situation, 1994.
Le Pari amoureux, en collaboration avec Dardo Scavino, 1995.
Pour une nouvelle radicalité, en collaboration avec Dardo Scavino, 1997.
La Fabrication de l'information. Les journalistes et l'idéologie de la communication, en collaboration avec Florence Aubenas, 1999.
Du contre-pouvoir, en collaboration avec Diego Sztulwark, 2000 ; nouvelle édition, 2002.
Résister, c'est créer, avec Florence Aubenas, 2002.
Les Passions tristes. Souffrance psychique et crise sociale, avec Gérard Schmit, 2003

Chez d'autres éditeurs

Peut-on penser le monde ? Hasard et incertitude (en collaboration avec Herman Akdag et Claude Sekroun), Éditions du Félin, Paris, 1997.
Parcours. Entretiens avec Anne Dufourmentel, Calmann-Lévy, Paris, 2001.

Miguel Benasayag

Le mythe de l'individu

Traduit et adapté de l'espagnol (argentin) par Anne Weinfeld

La Découverte / Poche
9 *bis*, rue Abel-Hovelacque
75013 Paris

Cet ouvrage a été précédemment publié en 1998 aux Éditions La Découverte dans la collection « Armillaire ».

Catalogage Électre-Bibliographie

BENASAYAG, Miguel
Le mythe de l'individu - Paris : La Découverte, 2004 (La Découverte/Poche ; 168. Sciences humaines et sociales)
ISBN 2-7071-4110-0
RAMEAU : individu et société
individu (philosophie)
DEWEY : 302.1 : Psychologie sociale. Interaction sociale. Relation individus/société
Public concerné : Public intéressé

À Martha et à Jaime

Introduction

L'époque que nous vivons se prétend sans mythes, sans illusions, donc sans duperies. Époque de clairvoyance où l'on ne craint pas, en principe, de regarder les choses en face, revenus que nous sommes de tous les rêves et espérances du passé. Mais plus elle se croit « lucide » par rapport au passé, et plus cette époque se révèle dupe à l'égard du présent.

Ce présent est constitué, il est vrai, de désillusions, de perte de repères, d'inquiétude. De mieux en mieux informés des dangers qui menacent la vie, nous nous sentons aussi de plus en plus impuissants pour les affronter. Retour de bâton de l'optimisme moderne, le pessimisme postmoderne se révèle au moins aussi exagéré que le premier. Plus d'illusion, plus de rêves, plus d'utopie : le seul roc qui surnage à la rupture historique que représente la fin du mythe du progrès, la seule valeur crédible de cette époque de crise, c'est l'individu, autrement dit, chacun de nous en tant qu'individu vaquant à ses occupations, courant derrière ses intérêts.

Complexe, insaisissable, inquiétant, de plus en plus virtuel, violent, lointain..., tel se présente le « monde ». Face à lui, un petit personnage impuissant et triste qui ne peut que le regarder depuis une totale extériorité : l'individu. Création de la modernité, l'individu est ce personnage prétendument autonome qui occuperait le centre du monde. Ce monde se caractérise en effet par un « je ne sais quoi » d'aristotélicien, car, si le « divin Aristote » affirmait que la Terre est le centre de l'univers, notre époque clame haut et fort que l'univers tout entier tourne autour de ce personnage devenu central : l'individu. « Avant moi, le flou, après moi le déluge », telle est la devise de cet étrange personnage. Chaque individu se perçoit en effet comme cette entité radicalement séparée de tout, vierge de toute appartenance et se promenant de par le monde comme si les autres, les choses, la nature, les animaux, etc., étaient là tel un décor posé tout exprès pour que sa vie puisse s'y dérouler.

Aussi, ce livre, à travers la déconstruction du mythe qu'est l'individu, tentera-t-il de mettre en lumière ce que l'on pourrait appeler un lien ontologique qui fonde d'une façon commune la société, la nature et l'homme. De penser l'individu, ou un au-delà de l'individu qui ne tombe pas dans le piège de la dichotomie individu-masse, puisque aussi bien il est l'instance fondamentale de toute massification ; d'élaborer une théorie de l'émancipation qui dépasse l'opposition forts-faibles régissant le fonctionnement de nos sociétés, une théorie de la situation qui parte de l'assomption de la « fragilité » comme dimension fondamentale de ce qui fait l'essence même de la vie. Telles sont donc les quelques pistes que nous tenterons d'aborder au cours de ce travail.

1

L'individu, création de la modernité

Une époque triste

Si nous voulions de manière schématique caractériser notre époque, nous pourrions dire que c'est une époque d'inquiétude, où la conscience de la complexité nous plonge dans l'impuissance, où le futur, qui jadis nous fascinait, car chargé de promesses, se révèle désormais lourd de menaces apocalyptiques. Le millénaire qui s'achève a en effet commencé sous le signe de la promesse, de la désacralisation du monde et de la toute-puissance de l'homme. Le sujet humain s'était promis l'émancipation et la maîtrise comme objectifs et raisons d'être de son être-là dans le monde.

La perte de repères, le déboussolement auquel nous sommes à présent livrés soumet nos jugements et nos considérations au doute, à l'incertitude. Certains se demandent si la nuit que ce crépuscule annonce n'est pas celle dont parlent les Écritures comme celle qui ne finira jamais. En résumé, notre époque est fortement marquée par ce que Spinoza appelait les « passions tristes », caractérisées par le fait qu'elles diminuent notre puissance d'agir, telles l'impuissance, la crainte, l'attente, etc. De surcroît, cette attente, qui n'est pas un simple mot mais le concept même à travers lequel nous pouvons identifier la modernité, s'est révélée n'être qu'un « en attendant Godot ».

L'homme de la modernité se pense et se vit comme cet animal inachevé, cette « humanité non accomplie », selon la formule choisie par Bartolomé de Las Casas pour décrire les Indiens ; inachèvement et inaccomplissement qui donnaient sens à la vie et à l'histoire de l'humanité, tout entière orientée vers le comblement de ce manque. Le progrès était ainsi, plus qu'un mot d'ordre, l'explication même des lois qui régissaient l'existence du réel. La rupture de ce mythe plonge nos contemporains, par un mouvement de symétrie, dans le désespoir.

En effet, le mythe doré du progrès, au moment mélancolique de son déclin, se présente comme le décrit Adorno dans sa *Dialectique négative* : « Il n'y a pas d'histoire universelle conduisant de la barbarie à l'humanité, mais bien une histoire universelle conduisant de la fronde à la bombe H. Elle s'achève par la menace totale que représente pour les hommes l'humanité organisée par l'apogée de la discontinuité [1]. »

De plus, le « complexe », véritable idéologie de cette fin de siècle, entretient ce sentiment d'impuissance et de désespoir chez nos contemporains qui va en s'accroissant à mesure que le monde, désormais perçu comme une totalité incompréhensible et hostile, devient de plus en plus virtuel et spectaculaire. Le tout, la globalité est un désespoir face auquel l'individu existe alors comme pure impuissance et désolation. Virtualité et spectacle éloignent chacun de nous du réel dans lequel nous vivons, mais, et surtout, le rapport de chacun de nous envers lui-même devient virtuel et spectaculaire.

Si le terme aujourd'hui désuet d'« inauthenticité » peut encore vouloir dire quelque chose, cela a certainement à voir avec la description d'un monde et d'une vie par rapport

---

1. Theodor W. ADORNO, *Dialectique négative*, Payot, Paris, 1970.

auxquels on se sent, pour ainsi dire, éloigné de tout « poste de commande ». La complexité du monde ne fait ainsi pas simplement référence à la composition multidimensionnelle du réel. Au contraire, le complexe est ce qui se présente comme étant un tissu extérieur et intérieur à l'individu et qui, de par son incroyable intrication, nous place dans l'incapacité de déterminer des lignes d'action nous permettant d'avoir une prise quelconque sur notre vie ou sur le monde.

L'individu comme forme d'organisation sociale

Pourtant, au sein de ce tumulte et de ce désordre, un élément semble conserver pour nos contemporains suffisamment de « substance », pour, véritable bouée de sauvetage, apparaître comme une sorte de refuge où prendre pied afin de surnager dans la débâcle du monde de la promesse : l'individu. Création de la modernité, l'individu est cette entité qui, se proclamant transhistorique et par là inébranlable, se considère comme ce sujet autonome séparé du monde conçu comme un objet qu'il peut maîtriser et dominer.

L'individu est ainsi ce personnage devenu œil regardant ce que, perçu au travers de multiples écrans, il est convenu d'appeler « le monde ». D'aucuns prétendent que le retrait narcissique vers un individualisme égoïste où chacun s'occupe de ses intérêts est la conséquence de la crise de nos cultures. Or, en réalité, « individu », loin de désigner des personnes isolées et éparpillées à la suite d'une catastrophe qui aurait détruit les liens structurant la société, est le nom d'une organisation sociale, d'un projet économique, d'une philosophie et d'une *Weltanschauung*.

On imagine couramment que l'individu est ce qui s'oppose à la masse, or il n'y a pas de masse sans la construction préalable d'une sérialisation, sans la déconstruction du lien social par la formation de l'individu, qui est l'atome et le nom de l'ensemble d'une massification. Il n'y a donc pas, d'un côté, l'individu et, de l'autre, les masses. Là où l'individu se trouve, la masse se trouve aussi, car l'individu est l'instance fondamentale de toute massification. Bien que la culture et le sens commun opposent individu et société, comme nous allons le voir, « individu » est pourtant le nom d'une organisation sociale, d'une cosmogonie et d'un pouvoir. C'est pourquoi nous ne pensons pas qu'on puisse identifier le concept d'individu avec celui de « personne », mot que nous utilisons pour désigner le pli caractérisé par une unité contradictoire et qui détermine l'être-là de chacun de nous dans le monde.

Les cultures et les civilisations sont des organismes vivants et, donc, destinés à vivre, se développer et mourir. La fin de toute culture est vécue sous la forme d'une crise des piliers qui l'ont fondée. En outre, que ce soit pour des causes endogènes ou exogènes, ou dans une articulation des deux (ce qui est le plus souvent le cas), les récits de fin de civilisation ont toujours, pour les contemporains de ces crises, des échos apocalyptiques qui font qu'ils se demandent si ce qu'ils vivent n'est pas plutôt la fin de l'humanité tout entière, voire la fin de la vie. Bien entendu, la nostalgie de cette fin de millénaire n'a pas, dans ses relents de tristesse, le monopole ou la nouveauté de l'angoisse. Mais ce qu'il s'agit d'analyser, c'est la singularité de la crise de la culture que nous vivons, sa particularité qui ne peut nullement se résumer au fait d'être simplement « celle que nous vivons ».

En effet, si toute crise de fin de civilisation se caractérise par l'effondrement des fondements de la culture finissante, la crise de la culture capitaliste sera celle de la seule culture qui se fonde paradoxalement sur la déconstruction permanente de tout principe, de tout lien et de tout interdit. La culture née en Occident et qui inaugure ce que l'on appellera la « modernité » ou l'« époque de l'homme » se construira paradoxalement sur le processus même que toute culture craint, à savoir la désacralisation, la « déterritorialisation » permanente, selon le terme de Deleuze.

La modernité et sa fille un peu dégénérée mais qui lui succède sur le même mode, la postmodernité, se veulent un mélange de scepticisme et de rationalité à outrance. La Terre, la vie, le ciel, la langue, les fonctionnements sociaux sont autant d'objets d'étude qui peuvent et doivent advenir à la transparence par la connaissance. Rien ne doit résister à la domination de la conscience. Ainsi, l'homme de la modernité se doit de pouvoir expliquer tout tabou, tout mythe, tout lien, tout appétit et tout désir, par une mise en lumière d'un mécanisme du type cause-effet, simple jusqu'au simplisme. L'homme a détrôné les dieux et il aurait, à travers la science et les techniques, construit une véritable tour de Babel vengeresse. Pour l'homme de la modernité, plus d'Icare, plus de Prométhée, bref, plus de principes, sacrés ou pas, qui s'interposent entre l'homme devenu sujet et ce qu'il considère comme sa liberté, à savoir la domination totale du monde et du réel.

Le mythe du capitalisme se prétend un anti-mythe, et pourtant il est bel et bien constitué par un récit qui décrit, explique et justifie la réalité dans laquelle les hommes vivent. Dans une société sacrée, le principe fondateur n'est pas expliqué, parce que ce qui fonde le récit n'a pas à être expliqué ou fondé. Aussi, si au commencement fut le verbe ou tout autre principe divin fondateur, dans le récit, ce principe n'est pas déplié ni expliqué. Il agira comme un véritable atome indivisible à partir duquel la structure de l'histoire de la culture se développera. Le capitalisme n'échappe pas à cette règle. Et son principe indivisible et fondateur sera constitué par ce personnage assez paradoxal qu'est l'individu.

L'individu est ainsi le seuil à partir duquel et autour duquel on analyse et interprète le monde existant. Il devient une véritable « substance », et s'il est pourtant soumis à des lois et à des surdéterminations, il ne l'est que dans la mesure où il apparaît comme « pas encore accompli ». L'homme est d'emblée conçu comme celui qui n'est pas encore tout à fait ce qu'il doit être. C'est peut-être pourquoi, envers et contre tout, la problématique centrale d'Heidegger de l'être comme absence et de l'être-là comme tendance vers..., est, paradoxalement, très moderne. L'individu, l'homme de la modernité n'est « pas encore » et, dans sa mélancolique incomplétude, il ne vit qu'un présent de frustrations, d'oublis et de manques. Il ne se pense pas comme le maître accompli du monde : il se conçoit comme projet, en attente. Si la personne est dans le monde comme un être-là, l'individu comme création de la modernité n'est là que par défaut ou par manque. L'individu est celui qui attend son accomplissement, à l'image de ce que l'on appelait, il n'y a pas si longtemps, des « pays en voie de développement ». De la même façon, nous pouvons dire que l'individu existe comme « en voie de développement ». La complétude, le moment de la maîtrise, qu'il assimile à la liberté, est à venir. L'homme, messie de lui-même, s'est converti en sa propre promesse.

Si bien que le rapport de ce personnage avec les lois du réel sera tout à fait différent de celui qu'entretiennent les autres civilisations avec les lois qui régissent le fonctionnement du monde et de la nature. Si pour les cultures non modernes ce rapport se doit d'être de cohabitation et de respect, pour l'homme moderne, ces lois et principes n'existent que sous la forme d'un défi qui délimite son pouvoir. Les contrôler, les dominer deviendra ainsi le chemin par lequel l'homme pourra advenir à son propre accomplissement, puisque la liberté est identifiée à la domination.

Individu et personne

L'individu comme figure centrale de notre culture n'est donc aucunement identifiable avec un corps ou avec la personne humaine. Il est l'atome sérialisé qui détermine la base d'une culture. L'individu n'est pas Jacques, Paul ou Marie, il n'est pas vous ou moi, il est une forme d'organisation et de domination sociale fondée sur la déterritorialisation permanente. Il est ce personnage qui fonctionne comme une image totalisante et totalisatrice. Pour autant, il ne s'agit pas de dénoncer une quelconque illusion qui, à être dissipée, nous montrerait, comme par un coup de baguette magique, que celui qui a tant d'importance de nos jours, à vrai dire, n'existe pas. L'individu n'est pas *maya* (« illusion » en sanscrit et dans la philosophie orientale), il est simplement cette partie du tout complexe et contradictoire, formé par des circuits autonomes qui s'entrecroisent, qui est le pli fondateur de la personne. Il est cette infime partie de ce tout, même s'il est – paradoxalement – nommé « le tout ». En tout cas, comme nous le verrons, il a bel et bien un corps, étoffe du pli autour duquel se tissent les différents multiples dont chacun de nous est composé, multiples sans synthèse.

La pensée de l'individu est issue de la même coupure qui est à l'origine de l'apparition d'un sujet non infini. Les cosmogonies non modernes conçoivent le phénomène humain en tant que multiplicité non dénombrable, multiples articulés avec des multiples. Dans l'infini de la création, l'homme vit, pense dans le mystère de la création, confondu avec la réalité de la finitude qui lui apparaît comme un accident de l'infini. Le mystère, c'est la finitude, car tout ce qui est pensable dans la création ne nous renvoie qu'à l'infini et à l'éternel illimité.

La personne, contrairement à l'individu, est pensable comme le non-un, comme la non-unité. Comme nous le verrons avec l'évocation d'Ajax, il n'y a pas d'acte ou de moment qui vaille comme *Aufhebung* (dépassement) du définitivement multiple. La personne n'est pas substance ; c'est pourquoi, dans les cultures non modernes, la liberté n'est pas comprise comme une jouissance individuelle de certains privilèges. Si l'homme de la modernité est toujours libre de..., c'est parce que la liberté apparaît comme un attribut de la substance individuelle. Alors que, dans la pensée non moderne, la liberté existe toujours comme défi situationnel, comme puissance de vie à libérer, et non pas comme quelque chose dont on puisse jouir individuellement.

L'homme de la modernité, en revanche, est définitivement cet individu du manque qui n'aspire qu'à la fixité de la pierre, c'est ce personnage qui ne devient que pour advenir au « point final » de sa route. L'idéal de l'individu est le sédentaire et tout devenir, tout désir, toute passion n'est vécue par lui que comme la preuve malheureuse de son manque à être, qui le plonge dans une existence marquée par l'attente. Le sédentaire, ou celui qui aspire à l'être, vit le présent sous la forme d'un espoir, espoir de l'esclave aux rêves revanchards qu'il nomme liberté. L'homme non moderne, à l'inverse, peut être identifié à la figure du nomade, car, chez ce dernier, le devenir, le parcours n'est pas l'attente ; c'est une présence qui est, pour ainsi dire, complétude à chaque instant.

Or force est ici d'établir une distinction de concepts, car le présent est, pour le sédentaire de la modernité, pour l'individu, un simple instant, une presque inexistence coincée entre un passé lourd de surdéterminations et un futur chargé de promesses, tantôt chimériques tantôt eschatologiques. À force de ne « presque pas exister », le présent finit par ne plus exister du tout, sauf à le considérer comme le moment ennuyeux et ennuyant de l'attente. Le présent, dans sa suite sérielle de *maintenant*, est ce moment négligeable mais qui, à force de se succéder, occupe toute notre vie. Ainsi, parce que inexistant, le présent détermine une vie qui tend à l'inexistence. Telle est la vie de l'homme moderne, qui, par son unidimensionnalité, scandée par la crainte, l'espoir, l'ennui, l'angoisse, comme autant d'évocations de l'avenir, devient une vie ordonnée par la mort ; une survie en somme.

À l'inverse, le présent du nomade est un présent qui déborde largement ce que la conscience peut percevoir comme l'instant présent. Il est ce qui caractérise la situation à laquelle nous, en tant que multiple, nous participons. Ce présent-là est constitué par le passé comme élément du présent, par le futur comme virtualité qui n'existe que dans le présent, et par ce que l'on peut nommer le présent du présent, c'est-à-dire cette parcelle du présent qui occupe la place de la représentation. Comme le dit saint Augustin : « Il y a trois temps, le présent des choses passées, le présent des choses présentes, le présent des choses futures [2]. »

Entre l'homme nomade et l'homme sédentaire sous la figure de l'individu, ce qui a changé, c'est ce que l'on peut nommer avec Deleuze et Leibniz un « point de vue ». Or un point de vue n'est pas ce qui dépend d'un sujet. Dans la figure nomade, non individualiste, quand nous parlons de sujet, de singularité, nous savons qu'ils sont inclus dans un point de vue donné. Mais pour l'individu de la modernité, le point de vue dépend du sujet. C'est que la modernité est identifiable avec ce long processus complexe d'une mise en perspective du monde par la conception d'un sujet étanche qui le regarde depuis une supposée extériorité. Cela rejoint la problématique kantienne : comment l'intérieur peut-il connaître quelque chose de ce tout-autre qu'est le monde extérieur ? Ce monde extérieur, à son tour, de douteux deviendra lointain jusqu'à la virtualité. Le sujet devenu l'individu se croit en droit de se demander si, mis à part sa perception subjective du monde, il existe bel et bien quelque chose de l'ordre d'une extériorité (« en soi »).

Le devenir virtuel du réel

Notre culture pense les phénomènes humains comme fondés sur la rencontre, plus ou moins catastrophique, d'une

2. Saint Augustin, *Confessions*, Garnier-Flammarion, Paris, 1976.

unité, véritable atome humain, l'individu, et, face à lui, du monde. L'individu, comme dans une caricature cartésienne, doute de tout sauf de lui. Le monde face auquel il se place devient, lui, de plus en plus virtuel, de plus en plus lointain, de plus en plus complexe. Mais, bien qu'incompréhensible et douteux, ce monde-là est bien celui qui le menace en permanence.

De là, une sensation d'impuissance et de crainte, car, face aux menaces réelles, il ressent la vanité, l'inutilité de tout acte qui s'adresse à un ensemble virtuel. Si l'on peut, dans un schéma caricatural, situer les menaces écologiques, économiques, épidémiologiques, etc., derrière l'individu, devant lui se situera le « monde », cet écran aux images virtuelles qu'il peut, dans le meilleur des cas, influencer par l'intermédiaire des manettes d'un jeu électronique qu'il manipule. Il ne tardera pas longtemps, cependant, à mesurer la stricte impuissance dans laquelle il se trouve étant donné la déliaison totale entre le monde-écran télé sur lequel il lui est permis d'agir, et le réel menaçant, sur lequel il n'a, en revanche, aucune prise. De sorte qu'il ne peut que s'adonner à des rêves cauchemardesques de pouvoir : face au spectacle accablant du « monde », il ne pourra que soit assumer son impuissance totale – comme nous le verrons, moindre mal –, soit rêver d'un pouvoir de toute-puissance, rêve de Pol Pot ou autre totalitaire qui lui promet d'accommoder le monde à son goût.

Dans cette construction quotidienne d'un devenir virtuel du réel, le « monde » comme unité, comme globalité, « n'existe pas », il n'est qu'un des éléments au sein d'une multiplicité. De la même façon que l'autre pôle de ce système, l'individu, lui non plus « n'existe pas » dans le sens d'une totalité, qu'il n'est qu'une partie d'un ensemble ayant comme particularité de s'autoproclamer le tout. Pourtant, l'individu est ce personnage d'une arrogance inflexible agissant comme s'il était le centre de l'univers. Toutes les théories relativistes sont là pour lui montrer qu'il n'y a que lui qui compte. On n'arrête pas de flatter le narcissisme de nos contemporains, toute pensée étant ainsi réduite au niveau de l'opinion. Plus encore, il n'y aurait que le vécu personnel qui tiendrait lieu de vérité. La manœuvre est intéressante, si l'on arrive à être convaincu qu'« à chacun sa vérité », mais rien ne pourra enlever pour autant à la vérité son caractère absolu. Dans ce monde-là, chacun se vit tel un premier acteur bien obligé de cohabiter avec une myriade de figurants, eux aussi persuadés de détenir la vérité.

Par ailleurs, s'il est aisé d'affirmer qu'à peu près tout le monde est sensible à la misère du monde, il l'est tout autant de constater que, par la suite, la réalité de chacun de nous, le quotidien finit par « reprendre ses droits ». Mais il reste pour le moins étonnant de constater que les gens se comportent de la même façon face aux graves problèmes écologiques, alors qu'il y va pourtant de leur propre survie. L'homme et la femme modernes arborent ce petit sourire au coin de la bouche, ce regard paternaliste et compréhensif à l'égard de ces « graves problèmes », qu'ils sont les premiers à considérer comme très importants. Mais, mais, mais, il y a quand même le quotidien, ce qu'ils appellent, étonnamment, la « réalité », voire le principe de réalité...

De sorte que l'homme moderne nomme « réalité » les gestes quotidiens à travers lesquels, justement, il fait abstraction de tout ce qui est le réel même de la vie de chacun de nous, voire de la vie tout court. Triomphe, sans doute, de la société du spectacle que l'on pourrait appeler aujourd'hui « société virtuelle ». Autrement dit, triomphe de l'inversion qui fait que les gens nomment « réalité » un agencement d'abstractions virtuelles qui n'ont rien à voir avec le réel de leur propre vie ; et ils qualifieront symétriquement d'« abstrait » tout ce qui a à voir avec le devenir et le réel le plus concret.

Le mythe de l'individu autonome

Si nous nous approchons un peu plus de ce personnage qu'est l'individu, nous constatons que cette déterritorialisation, cette non-appartenance radicale sur laquelle il est fondé va plus loin qu'il n'y semblerait de prime abord. C'est ainsi que l'individu du capitalisme se perçoit comme n'appartenant pas à un peuple, à une nation, ou à une culture, pas plus qu'à une famille ou à une relation affective quelconque ; mais, qui plus est, dans ses rêves cauchemardesques de liberté et de domination, l'individu va jusqu'à considérer son propre corps comme un accident qu'il analyse comme une appartenance souvent encombrante, mais avec laquelle, en aucun cas, il ne s'identifie. Un individu peut être content ou pas de son corps, de sa famille, de sa nation ou de sa culture, mais il s'autoperçoit comme sujet séparé radicalement de toutes ces appartenances possibles. L'individu en tant que personnage peut déclarer sans aucun problème qu'il n'a pas de chance d'être né dans telle ou telle période historique, ou bien d'être né homme ou femme, noir ou blanc, etc., puisqu'il considère tout cela comme le fruit du pur hasard, ne rêvant que de posséder les instruments qui lui donneraient le pouvoir de maîtriser toutes ces « contingences ».

La société de l'individu est d'emblée la société de la séparation, société de sujets « potentiellement désincarnés » qui se situent face au monde et au réel. Dès lors, les philosophes du XVIIIe siècle, comme Hobbes, Rousseau, Voltaire ou Bentham, discutent et réfléchissent à partir de ce qui leur semblait être l'évidence même, l'existence d'individus, en essayant de comprendre comment ces atomes premiers pouvaient s'associer et vivre en société. Étaient-ils à l'origine bons et rendus mauvais par la société ? Ou bien, au contraire, leur état naturel les conduisait-il à un état de guerre permanent, la société étant là pour sauvegarder la paix ? La grande question était alors : comment faire pour connaître de la façon la plus précise cet individu avant son entrée dans le lien social ? Mais ce qui, dans tous les cas, ne posait aucune question, ce qui n'était jamais remis en cause et constituait même le postulat de base incontesté de toute réflexion, était la conviction que les individus préexistaient au lien social.

De nos jours, cette question réapparaît avec une force renouvelée due au désespoir. En effet, comment faire pour que, face aux graves problèmes de notre époque, ces « atomes » prétendument autonomes prennent en compte l'avenir de l'humanité en dépit de ce qui paraît être leur objectif naturel à tout un chacun : un maximum de pouvoir, de bonheur et de confort dans le but d'en jouir personnellement ? Aujourd'hui, les théoriciens de la communication, les idéologues de la société du spectacle continuent à penser l'individu sous la figure conçue par Hobbes : « Il faut que nous rebroussions vers le premier état de nature et que nous considérions les hommes comme s'ils ne faisaient maintenant que de naître, et comme s'ils étaient sortis tout à coup de la terre, ainsi que des potirons [3]. » Voilà ce que nous ne pouvons plus admettre.

Car l'individu est le fruit d'un travail de déconstruction et de déterritorialisation qui a duré des siècles et qui a détruit ce qui fondait jusque-là les phénomènes humains. L'individu, loin de l'innocence du potiron, est ce personnage qui se prétend sans foi ni loi et qui considère comme seul principe valable la recherche de son propre bonheur et de son intérêt. Comme l'écrit Marx dans *Le Capital*, l'individu est l'atome et le pivot d'un système social et économique. Ainsi, nous ne pouvons continuer à nous demander d'une façon naïve : comment faire pour sauver les individus du pouvoir de l'argent ? ou : comment sauver l'individu des catastrophes provoquées par le néolibéralisme ?, puisque

---

3. Thomas Hobbes, *Le Citoyen, ou Les Fondements de la politique*, Flammarion, coll. « Garnier-Flammarion », Paris, 1982.

aussi bien il est le pilier de ce système-là. Autrement dit, la question n'est pas : comment libérer l'individu du pouvoir ? Mais bien plutôt : comment nous libérer du pouvoir de l'individu ?

Notre société accepte comme un fait incontestable ce que Hobbes présentait comme l' « égoïsme primordial de l'individu », et considère comme secondaire, voire imaginaire, la possibilité de transformer cet amour de soi, ou bien une partie de celui-ci, en un amour ou respect du prochain. Il est vrai que, pour Freud, cet amour de soi était suspect, même si ce soupçon ne mettait pas pour lui en doute le caractère primordial et incontournable de l'individu. Freud explique qu'aimer l'autre comme soi-même compte avec un inconnu redoutable, car, finalement, on ne sait rien de la manière dont chacun « s'aime soi-même », voire se déteste. Mais nous sommes là tout simplement dans l'autre version de l'idéologie de l'individu selon laquelle il serait originairement – à son état de potiron donc – « mauvais », la société étant là pour, au moins, en limiter les élans néfastes. Pour Jeremy Bentham, ce qui fait agir l'individu est la recherche de l'intérêt. Contrairement à Freud, l'utilitarisme considère d'une façon naïve que chaque homme sait où se trouve son intérêt : société utilitariste, société transparente, panoptique, où tout s'explique, où tout ce qui apparaît est bon et tout ce qui est bon apparaît.

Dès lors, d'après ce principe de l'amour-propre conduisant l'homme à la recherche de son intérêt, du confort ou de la renommée, bref, du pouvoir, ce qui semble le pire des maux pouvant advenir à un individu, c'est sa propre mort, sa disparition en tant qu'individu. C'est pourquoi l'amour-propre va toujours accompagné de la peur ; la société de l'individu est structurée et scandée par la peur. La désacralisation du monde, loin de vacciner les hommes contre la crainte du surnaturel, a plongé les individus dans la peur permanente due à l'état de manque et d'attente. Si l'individu est, sous la forme du « moi », celui qui rêve du pouvoir, il attend cette chimère dans la peur permanente de la perte, individu du manque, individu de l'attente ; nos sociétés se structurent non pas sur des principes positifs de culture, mais sur des principes négatifs de la peur de perdre. Perdre son emploi, sa santé, ses biens, sa vie...

L'individu se considère comme « partenaire libre » de la société et du monde. C'est pourquoi l'homme du capitalisme aime bien l'idée de « contrat social » qui le lierait « librement » au restant de la société par un pacte de non-agression de façon à conjurer la menace permanente de mort qui lui parvient depuis les autres. C'est pourquoi aussi Hobbes admet clairement que toute société repose sur la crainte. L'homme du « moi » est un homme qui se veut sans contraintes mais par là même sans qualités. Tel le personnage de Musil, l'homme sans qualités est l'homme du calcul. En effet, pourquoi les animaux ne peuvent-ils pas, eux aussi, à l'instar des hommes, conclure des pactes de non-agression qui leur permettraient d'accroître leur pouvoir mutuel ? C'est parce que, d'après Hobbes, l'individu est ce personnage qui peut, justement, « calculer ». Il a cette capacité de pouvoir prévoir les avantages du contrat, et ainsi, par exemple, sacrifier un bien immédiat au nom d'un bien supérieur à venir.

La liberté absolue apparaît alors pour chaque homme comme cet état idéal où l'individu pourra évoluer sans empêchement d'aucun type, sans rareté ni menace. La liberté est dans notre société toujours perçue comme une question d'individu. C'est pourquoi cette société se trouve face à une aporie à chaque fois qu'elle essaye de penser des problèmes d'ordre situationnel, à chaque fois qu'elle essaye de penser le lien social.

Penser en termes situationnels

Afin d'être en mesure de penser en termes situationnels, il nous faut commencer par rebrousser chemin pour trouver, en amont de la figure omniprésente de l'individu, les liens ontologiques qui tissent dans une même étoffe la société, la nature et l'homme. En effet, la question n'est pas de nous demander au nom de quel intérêt égoïste nous pourrions arriver à convaincre l'individu de ne pas détruire la vie sur la planète, mais plutôt de revenir au principe situationnel qui fonde d'une façon commune le phénomène humain et le restant du réel. Bref, articuler liberté et destin, ce qui ne signifie en aucun cas céder à la fatalité. L'homme « sans qualités », l'individu, croit par exemple qu'il peut tout faire avec la terre, l'air et la nature, le monde lui apparaissant comme un utilisable. Mais le réveil de cette chimère de domination rappelle aujourd'hui à l'homme qu'il n'est pas un sujet détaché du réel, que le réel n'est pas un utilisable.

Ce constat, loin d'impliquer, comme le veulent les résurgences fascistes et intégristes de tous bords, une démission par rapport à la liberté, implique au contraire de repenser la liberté comme détachée de l'identification liberté-domination. Ainsi, la solidarité entre les hommes, le respect de la nature ne seront plus à penser sous la forme d'un contrat optionnel conclu sous la menace de mort, sous la peur, mais au contraire comme le respect de la vie réconciliant l'homme avec lui-même en enjambant la barbarie néolibérale. Autrement dit, nous devons penser l'homme au-delà de cette figure hystérique et gesticulante de l'individu. La mort, comme menace majeure pour l'homme, la mort, qui fut même conçue comme le point ontologique le plus authentique de l'individu, ne doit plus être pensée sous cette figure du roi décrite avec génie par Ionesco dans *Le roi se meurt*, qui considère comme un véritable scandale, comme une absurdité, que le monde puisse continuer à exister si lui, sujet central de l'univers, disparaît.

Non que l'individu du capitalisme ne puisse pas s'investir dans une entreprise quelconque. Bien au contraire, dans son amour excessif de lui-même, il ne fait pas économie d'imagination pour inventer différents moyens capables de faire perdurer son moi au-delà de la mort. C'est à la fois très compliqué et très simple, car, s'il lui est impossible d'éviter la mort, ce moi individuel, qui ne s'identifie ni avec son corps, ni avec sa famille, ni avec son peuple, peut aussi imaginer de perdurer en s'incarnant ailleurs que dans « son propre corps », bien que toujours en tant que « moi ».

C'est pourquoi, paradoxalement, dans certaines situations, des individus peuvent affronter la mort pour ne pas voir disparaître ce qu'ils considèrent être leur moi. Un individu peut se sacrifier pour son entreprise, pour ses enfants, pour un parti, pourvu que n'importe lequel de ces objets lui apparaisse dans son délire égoïste comme de possibles lieux où « réincarner son moi ». La modernité a d'ailleurs inventé une pseudo-théorie de la métempsycose où la transmigration revisitée est placée au service de ce principe fondateur de l'univers, véritable atome indestructible, qu'est l'individu. Si, dans les cultures classiques, ce qui revient éternellement sous la figure du même n'est pas autre chose que le devenir, dans la métempsycose revue par l'individu, ce qui ne disparaît jamais, c'est précisément l'individu.

Schopenhauer concevait l'immortalité de l'homme sous la forme de l'immortalité de l'espèce; l'individu est en revanche cette créature qui va aspirer à son immortalité propre. Ce rêve passe par nombre de possibilités auxquelles chacun va adhérer selon ses moyens culturels et intellectuels. Ainsi, les uns voudront être « auteurs » pour que leurs œuvres garantissent leur immortalité. Les autres rêveront d'une recherche médicale capable de leur procurer une immortalité biologique. Au nom de cette vision du monde, l'idéologie et la culture de l'individu sacrifient les hommes et les personnes : sauver l'individu s'articule parfaitement avec le sacrifice de l'humain.

C'est pourquoi il faut d'emblée abandonner l'hypothèse classique opposant individu et communauté. L'individu est le nom d'un type de communauté, d'un mode de lien social, celui qui est structuré par l'argent et le profit. De là que, lorsque, avec la meilleure volonté du monde, nous essayons de protéger et de recréer le lien social entre les individus pour sauvegarder la vie face au processus de destruction capitaliste, nous ne faisons en fait que renforcer la logique que nous pensons combattre : dans le néolibéralisme avancé, l'individu n'est autre que le nom même du lien social régulé par la loi du profit et de l'intérêt. Se scandaliser au sujet d'une supposée destruction des liens entre les individus implique donc le refus de prendre en compte une donnée essentielle : ces liens sont toujours ordonnés par les lois de la marchandise, dont ils ne sont en partie qu'un des avatars.

Les projets classiques d'émancipation sociale ont tous souffert de cette faiblesse structurale. En effet, essayer de démontrer aux individus que leur intérêt passe par un projet collectif quelconque ne fait que conserver en tant qu'élément central le noyau du capitalisme, à savoir le dispositif individu-monde. Le collectivisme a ainsi, un siècle durant, prôné le dépassement du capitalisme tout en sauvegardant comme allié possible l'atome fondateur du rapport capitaliste de production.

Pour autant, nous ne pouvons pas procéder à un bilan unidimensionnel de « ce que l'époque de l'homme a produit ». Nous ne pouvons pas, notamment, adhérer aux positions obscurantistes qui renient la science. Bien au contraire, la pensée scientifique, comme nous le verrons, peut à son tour et doit cohabiter avec son autre, cette ignorance qui ne relève pas d'une faille, mais d'un non-savoir à partir duquel tout savoir est possible. L'ineffable, l'opaque fondateur des phénomènes humains se développe entre le néant et le non-être, ligne de fragilité que nous devons retrouver.

S'il ne s'agit donc pas d'opposer l'individu à la communauté, il ne s'agira pas davantage d'opposer individu et sujet, comme une certaine psychologie aime à le faire en imaginant que, par ce passage de la catégorie d'individu à celle de sujet, une quelconque liberté, une non-détermination désirante pourrait apparaître. Car, si nous pouvons dire que les individus sont comme des îles dans la mer, ce n'est qu'en tant que les îles sont elles-mêmes des plis de la mer. Comme le dit Plotin dans les *Ennéades* : « Il n'y a pas un point où l'on puisse fixer ses propres limites, de manière à dire : jusqu'ici c'est moi [4]. » Ce qui fait l'intérieur le plus intime de l'individu n'est tissé que de la plus pure extériorité. Pourtant, l'idéologie de l'individu veut nous faire croire que chacun de nous serait une entité autonome avec un extérieur et un intérieur. À partir de là se développe toute une préoccupation épistémologique autour de la double question : comment connaître ce qui nous est tout à fait extérieur et au nom de quoi pourrait-on se lier à quelqu'un qui nous serait « autre » ?

Or le moi comme représentation de l'individu n'est pensable que comme un autre parmi les autres. Le phénomène humain pensé en termes situationnels nous permet de comprendre que, si l'intérieur est tissé d'extérieur et vice-versa, les choses ne nous sont pas inaccessibles et la langue n'est alors plus à penser comme une frontière infranchissable. Bien au contraire : dans une situation, il y a de la pensée, il y a de la langue, et les hommes, multiplicités parmi les multiplicités, participent à la langue et à la pensée. Le moi, l'individu, ou, pour le dire ainsi, « l'individu/moi », est simplement cette infime partie de la multiplicité qui caractérise chaque être humain.

Plus l'homme a conscience de la fragilité, du néant et de la nature chimérique de toute chose, plus il a clairement conscience de l'éternité de son propre être intime. Le phénomène humain est une tension sans résolution entre, d'une part, le tout de la création, dont on peut avoir vaguement conscience à travers la pensée de l'infini, du néant, etc., et, d'autre part, l'immédiateté du quotidien, où, au contraire, tout paraît avoir du sens, la partie prenant toute la place. L'homme moderne vit en permanence bousculé entre ces

4. Plotin, *Ennéades*, Les Belles Lettres, Paris, 1970.

deux pôles : la totalité, qui parle de l'univers abstrait, du non-sens et de la vanité de l'homme, et le quotidien, qui apparaît comme étanche et surcodé, où tout est utile et chargé de sens. Il ne peut choisir ni le tout, qui enlève le sens à tout acte quotidien, ni l'illusion chimérique de courir derrière chaque piège du quotidien (pouvoir, confort, argent, renommée). Ce tiraillement établit un champ, une réalité éphémère et fragile qui porte pour nous le nom de « situation ». Nous essayerons d'aborder plus loin une pensée de la situation d'où nous pourrons dégager une praxis de la liberté et de la solidarité. La pensée de la situation est ce qui nous permet d'aborder ce que l'on pourrait présenter comme relevant de la quotidienneté de l'être.

Fragilité et exigence

Dans nos sociétés en crise, un exemple criant de tout cela nous est donné par les phénomènes qui entourent l'épidémie du sida. En effet, les malades et ceux qui s'occupent de la « question sida », par une assomption de la fragilité, conçue comme cette dimension permettant de dépasser l'opposition force-faiblesse structurant nos sociétés, nous délivrent un message de vie là où l'on pouvait s'attendre à une image de la mort. Tandis que les autres vivent non dans l'oubli de la mort, comme certains pourraient le croire, mais dans l'oubli de la vie. Il s'agit donc de développer une philosophie et une praxis qui, en parlant de la quotidienneté de l'être, nous permettent de renverser la structure sociale spectaculaire. Il s'agit, en somme, de repenser à la vie.

Nos sociétés, qui refoulent maladivement toute image de la mort, sont des sociétés de la survie structurées par la peur, l'attente et l'envie. Donc, si, comme le dit Spinoza, un homme libre ne pense à rien moins qu'à la mort, nos sociétés sont en perte de liberté, de vie et de puissance. Une méditation sur la vie implique aussi une praxis de la vie, mais, pour ce faire, il faut déconstruire la structure centrale de la quotidienneté qui nous condamne à une survie dans l'abstraction et la dénégation du réel : il faut en finir avec la société de l'individu. Il faut réordonner notre vie à travers les principes réels les plus immédiats et fondamentaux, qui, par un tour de passe-passe idéologique, apparaissent, dans le quotidien structuré par l'individu, comme lointains et abstraits. Il s'agit, en somme, de retrouver le geste d'Antigone lorsqu'elle rappelle à Créon que les actes de notre vie peuvent et doivent être structurés par d'autres exigences que celles du confort, du bonheur ou de la vanité ; autrement dit, de se rendre compte que chaque situation dans laquelle nous sommes est structurée par des exigences qui ne relèvent pas d'une transcendance au-delà de la situation, mais plutôt d'une sorte de paradoxale transcendance dans l'immanence, véritable socle à partir duquel se construit chaque situation.

Comme le dit Antigone en rappelant à Créon sa rébellion contre la peur. « Créon : Savais-tu que par une proclamation cela avait été défendu ? – Antigone : Je le savais. Pouvais-je l'ignorer ? Elle était publique. – Créon : Et malgré cela tu as eu l'audace de transgresser ces lois ? – Antigone : Oui, car ce n'est pas Zeus qui a promulgué pour moi cette défense et Diké, celle qui habite avec les dieux souterrains, n'a pas établi de telles lois parmi les hommes ; je ne croyais pas non plus que ton édit eut assez de force pour donner à un être mortel le pouvoir d'enfreindre les décrets divins, qui n'ont jamais été écrits et qui sont immuables ; ce n'est pas d'aujourd'hui ni d'hier qu'ils existent ; ils sont éternels et personne ne sait à quel passé ils remontent. Ces décrets, ne craignant la volonté d'aucun homme, je ne devais pas, moi, être punie par les dieux pour les avoir violés [5]. »

Mais, s'il s'agit aujourd'hui de refuser la tentation du relativisme postmoderne qui, ébloui par la quotidienneté et la gestion de la survie, considérera comme imaginaire toute

---

5. Sophocle, *Antigone*, dans *Théâtre complet*, Garnier-Flammarion, Paris, 1966.

loi « émanant de Zeus », il nous faut aussi refuser tout type de tentation intégriste qui tenterait d'ordonner notre vie d'après la « loi de Zeus ».

Une théorie de la situation, une pensée et une assomption de la fragilité, c'est ce qui nous permet d'assumer cette « quotidienneté de l'être » en évitant ce double piège. Il n'y a pas, d'une part, l'accumulation sans fin de parties d'un multiple qui constituerait le quotidien et qui nous condamnerait à l'impuissance, et, d'autre part, une pensée du tout, de la totalité, qui n'aurait aucune répercussion dans l'ici et maintenant singulier. Dit autrement, nous ne sommes pas condamnés soit à l'universel abstrait, soit au fragmentaire concret. L'universel concret est ce qui nous permet de penser le tout, en suivant Spinoza, comme un élément de la partie. Il n'y a ainsi de l'universel que dans chaque situation.

Or, et voilà notre hypothèse, ce qui existe n'existe pas tel que le pensent les réalistes comme étant nécessairement « comme ça ». Bien au contraire : l'existence est toujours sous condition d'un devenir, d'une activité que nous nommons « exigence ». Comme le présente Damascius dans *Des premiers principes* : « L'être est l'activité de l'étant, qui coïncide avec l'essence [6]. » L'essence d'une chose signifie ni plus ni moins que quelque chose soit ce qu'il est. Mais la persistance dans son mode d'être de cette essence dépend de l'activité, de l'exigence. Ainsi, comme nous le verrons plus loin, le phénomène humain, sans être pensé sous la figure du manque, du non-accompli, peut être néanmoins conçu sous la forme de ce qui existe sous condition de réaliser certaines exigences.

Lorsque nous aborderons les chapitres sur la situation et la fragilité, nous verrons comment, par exemple, le phénomène humain existe sous condition qu'au moins une partie des êtres humains « obéissent », « soient fidèles », dirons-nous, à l'exigence de solidarité, d'amour, de pensée, bref, ce que dans l'idéologie de l'individu on ne cesse de nous

---

6. DAMASCIUS, *Des premiers principes*, Verdier, Lagrasse, 1987.

présenter comme étant optionnel, comme étant simple question d'opinion, et que nous pensons, au contraire, en tant qu'exigence ontologique. Très concrètement, par exemple, nous pouvons dire que le communisme, non pas en tant que modèle (aberrant) de société, mais plutôt comme une exigence permanente, est une condition vitale d'existence de l'humanité. Le monde de l'opinion prétend qu'il y aurait une égalité parfaite entre toutes les opinions possibles. La pensée de ce que l'on présentait comme la quotidienneté de l'être est ce qui nous permet d'établir une asymétrie radicale entre un choix égoïste, voire fasciste, et ce que l'on ne nomme pas un choix mais une assomption, c'est-à-dire l'engagement pour la solidarité.

L'engagement n'est pas à penser sous la figure faible d'un accord rationnel de l'individu avec un programme quelconque. L'engagement est au contraire toujours existentiel, c'est un mode d'être d'une multiplicité, la personne, dans une multiplicité au sein de laquelle elle est incluse, la situation. Être, comme le voulait Sartre, « comptable et responsable du monde » n'est plus, dès lors, une question réservée aux « grands de ce monde ». Être responsable implique une harmonie avec ce que nous avons de plus intime et qui est par là même ce qu'il y a de plus universel.

Mais cette universalité, comme cette responsabilité, est toujours situationnelle. Si l'individu planté devant son écran de télévision a une claire conscience que par rapport à la complexité des problèmes du monde il ne peut rien sinon adhérer à un maître ou, mieux encore, souhaiter devenir maître, l'engagement situationnel procède toujours par « singularité », c'est-à-dire par une mise entre parenthèses de cet universel abstrait que l'on nomme le « monde ».

2

Sisyphe : une question impossible

> « Je laisse Sisyphe au bas de la montagne ! On retrouve toujours son fardeau. Mais Sisyphe enseigne la fidélité supérieure qui nie les dieux et soulève les rochers. Lui aussi juge que tout est bien. Cet univers désormais sans maître ne lui paraît ni stérile, ni futile. Chacun des grains de cette pierre, chaque éclat minéral de cette montagne pleine de nuit, à lui seul forme un monde. La lutte elle-même vers les sommets suffit à remplir un cœur d'homme. Il faut imaginer Sisyphe heureux. »
>
> Albert Camus, *Le Mythe de Sisyphe* [1]

Le néant comme destin

« Imaginer Sisyphe heureux » : voilà ce à quoi nous exhorte Camus. L'imaginer heureux par l'acceptation de ce qu'il nous présente comme un néant, comme un désert, une « vanité des vanités » : toute entreprise humaine serait pure vanité, pure poussée de rocher éternellement voué à retomber de l'autre côté de la montagne. Comment ne pas penser aussi au *Désert des Tartares* de Dino Buzzati, où l'image du désert apparaît dans une dimension si pathétique ? D'un côté, le désert, une vie de désert, et, de l'autre, les « Tartares », ceux qui ont ordonné nos vies, ceux que dans mille visages nous avons essayé de trouver, qui au travers de tant de mirages nous ont fait courir et nous désespérer, et qui, bien entendu, n'arrivent que lorsque nous nous en allons, seuls, désespérés, vaincus...

Sisyphe pousse son rocher parce qu'il a eu la vanité de

1. Albert Camus, *Le Mythe de Sisyphe*, Gallimard, coll. « Folio essais », Paris, 1987.

vouloir sortir de sa condition humaine. Giovanni Drogo, le personnage de Buzzati, lui, finit par accepter peu à peu le néant du désert. Notre condition humaine, quoi que nous tentions, quoi que nous espérions, se réduirait à une simple et longue attente. L'homme qui est seul et attend vit dans son « être-pour-la-mort » ou son « être pour pousser vainement rêves et projets, désirs et amours », destinés à retomber irrémédiablement de l'autre côté de la montagne, à l'endroit même où il avait commencé à les pousser. Ainsi, rien ne change jamais, à moins que notre homme ne perde peu à peu ses forces et ne se mette à pousser son rocher de plus en plus lentement, de plus en plus péniblement, jusqu'à ce qu'il n'en puisse plus...

Camus, spectateur compatissant de ce destin tragique, n'a d'autre recours que de désirer Sisyphe « heureux » dans son désert, dans son néant. Étrange paradoxe. Comme si le nihilisme ne pouvait aller jusqu'au bout de sa logique. Dans ce cadre si mélancolique et désespéré, les hommes, personnages vides qui ne peuvent même pas attaquer des moulins à vent dans un délire qui serait au moins poétique, devraient supporter cette ultime humiliation : être un néant, mais, s'il vous plaît, tout de même, un néant « heureux »...

Une question, pourtant, nous taraude, car qui est ce spectateur qui regarde Sisyphe depuis une apparente extériorité, quelle est cette instance supérieure qui prétend parler de la vanité comme si elle possédait un savoir spécifique ? Qui, au fond, observe « aristocratiquement » et avec condescendance les Sisyphes que nous sommes en nous souhaitant, pour le moins, d'être heureux ? Comment, enfin, peut-on invoquer ainsi le néant sans être en même temps, paradoxalement, plein de certitudes de rédemption ? Cette rédemption est apparemment interdite à l'homme, mais, heureuse nouvelle, si elle nous est interdite, c'est, au moins, qu'elle est possible !

Quel qu'il soit, cet « observateur » surgi *ex nihilo* se présente comme une belle âme dotée d'un avantage majeur sur les Sisyphes et les Giovannis du monde : il n'est pas dupe. Véritable idéal de notre époque que celui de se sentir en dehors de tout circuit, vierge de toute illusion. Le désir est ainsi définitivement conçu comme désir de néant, vanité. « Vanité » étant un concept que nous ne pouvons comprendre qu'une fois articulé à son contraire : ce qui serait le « non-vain », c'est-à-dire ces activités humaines que l'on juge « utiles », véritablement fécondes, au moins du point de vue de cette conscience ou de ce personnage qui observe Sisyphe. Nous sommes alors en droit de nous demander si l'énonciation de la vanité n'est pas elle-même vaine. Nous ne pensons pas que la réponse puisse être affirmative, c'est pourquoi, dans toute « constatation » de vanité, il y a quelque chose de profondément contradictoire.

Il est vrai que, tout au long de notre vie, nous nous trouvons pris dans de multiples circuits pulsionnels, qu'ils soient de vanité, de pouvoir, de confort, de « vengeance », préoccupés que nous sommes par la recherche de reconnaissance et de prestance, ou, plus simplement, monopolisés par la survie. Ces circuits semblent nous occuper pleinement, ne nous laissant ni le temps ni la possibilité de libérer un minimum de puissance (dans le sens spinoziste de ce concept) pour pouvoir nous intéresser à ce qui, dans chaque situation, apparaît et existe comme défi et être.

Les mécanismes d'aliénation et de canalisation de la puissance sont nombreux et divers, mais tous fonctionnent selon le même principe : nous prendre au piège de ce qui, dans chaque situation, que ce soit par urgence, par plaisir ou par paresse, tend à saturer notre quotidien. C'est ce dernier, agissant sur nous de façon quasi réflexe, qui organise, depuis une supposée extériorité, notre vie. Tout ce qui s'éloigne de la recherche d'intérêts, de pouvoir ou de plaisir, apparaît alors comme suspect. On peut à la limite accepter un « supplément d'âme » : la charge d'angoisse qui déborde parfois le cadre de l'aliénation de la puissance peut être canalisée à son tour par les circuits normalisés d'un certain « spiritualisme », ou bien d'un art mille fois domestiqué.

D'un côté se trouve donc l'intérêt individuel, ce chemin individuel que nous croyons comprendre puisqu'il est, pour ainsi dire, à portée de main – même s'il ne se réalise pas toujours ou en tout cas pas de la manière dont nous l'avions pensé, nous laissant alors dans la position de Sisyphe qui essaye de faire du désert et de la dispersion un destin *a posteriori* ; autrement dit : le néant comme destin. De l'autre côté, il y aurait l'« intérêt du tout », un intérêt pour ainsi dire global, l'intérêt de ce tout substantiel auquel les individus, en tant que plis (modes), appartiennent et participent. Ce devenir du tout se réalise sans que nous le comprenions toujours, bien qu'il ne reflète en rien un itinéraire d'intérêts, d'« utilités », où les individus puissent se sentir réalisés ou « non vains ».

L'argumentation de Camus consiste à déterminer un sujet observateur à partir duquel il analyse l'ensemble de la situation sans jamais mettre en question la validité de ce sujet. Mais, en même temps, la question du sens et de la liberté s'adresse ici exclusivement à cette instance qu'est l'individu, même si c'est au risque de ne trouver, pour toute réponse, que le néant. Dans cette logique, les actes de l'individu sont compris comme ceux d'un sujet face à un monde objet. La somme, toujours arbitraire, de ces actes est donc nécessairement un non-sens total.

Un auteur français postmoderne, Jean-François Lyotard, a écrit que le seul véritable problème de l'humanité était que le soleil allait exploser dans quelques millions d'années [2]. Par ce mécanisme sophistique, il a essayé à son tour de dénoncer comme simples vanités les activités de l'être humain. Mais la seule chose à laquelle parviennent ces sophistes, c'est de dévitaliser l'exigence situationnelle ; ce néant qu'ils annoncent comme vérité de la situation est plutôt l'expression de leur position réactionnaire : ce néant est, pour ainsi dire, leur projet. Quoi qu'il en soit, notre auteur n'a certainement pas cessé d'aller à la télévision et de tou-

---

2. Jean-François Lyotard, *La Condition postmoderne*, Minuit, Paris, 1979.

cher, le moment venu, ses droits d'auteur. Ce n'est pas, après tout, parce que le soleil va exploser... Les sophistes qui depuis toujours annoncent le néant, tels des prophètes de la mort, agissent comme s'ils pouvaient avoir accès à la totalité ; ils prétendent, autrement dit, être en mesure de porter un regard sur les deux versants de la montagne de Sisyphe.

Nihilisme et vanité

Depuis la philosophie de la situation, ce que nous trouvons dans le mythe de Sisyphe, c'est, une fois de plus, la constatation que nous ne pouvons pas posséder de lecture « utilitariste » des activités humaines ; pour le formuler autrement, si nous essayons de comprendre la vie de l'homme en termes d'utilité et de transparence, nous nous trouvons, inévitablement, face au néant. Si dans cette histoire vanité il y a, elle se situe du côté de celui qui se croit en mesure de regarder la vie de l'homme en affirmant pouvoir se séparer de sa situation, ce qui reviendrait à prétendre que, au nom de la fameuse « autonomie », l'homme pourrait, par exemple, respirer sans atmosphère. Au sein de ce que nous pourrions appeler le discours du moi, dès lors que le devenir de la situation échappe à sa maîtrise, à sa capacité de compréhension comme à son envie de totalisation, le moi ne peut que déclarer ce devenir « vain »...

La psychanalyse, et en particulier la psychanalyse lacanienne, qui, au demeurant, est la plus intéressante, s'inscrit dans cette tendance, car, dans l'interminable discussion au sujet de la « fin de l'analyse », Lacan répond que celle-ci s'identifie avec un moment et une assomption du « désêtre ». Autrement dit, par la chute des identifications imaginaires, le sujet advient à cette vérité qui lui est propre, à savoir que le désir est condamné à être désir du néant et que de l'être il ne sera question que comme faille et manque, comme « désêtre ». Paradoxalement, cette conclusion laisse tout le monde très satisfait et surtout tout à fait en phase avec le monde dans lequel nous vivons. Car, en réalité, pourquoi contester ou construire des dimensions de liberté si tout est pure vanité et illusion imaginaire ? À l'instar de Camus, Lacan propose à ses analysants d'être « heureux », sans, bien entendu, l'énoncer ainsi. Il s'agit de vivre sa vie de la meilleure manière possible, puisque, s'il n'y a rien, qu'au moins ce néant soit un néant confortable.

Pour notre part, nous pouvons dire que si un travail de type analytique ou tout autre travail de ce genre arrive à son terme, c'est justement au moment où l'illusion d'être une substance, d'être un être séparé de l'ensemble de la situation disparaît, et qu'alors il ne s'agit non seulement plus de « désêtre », mais, au contraire, d'assumer notre vie en tant qu'elle est un élément au sein de la « situation-organisme », d'assumer que notre vie est totalement nôtre dans la stricte mesure où nous la donnons tout entière pour participer à la vie de la situation.

Les problèmes du nihilisme sont nombreux et pas tous d'ordre théorique ; c'est ainsi que, si, selon cette conception, les activités humaines sont toutes de pures « poussées de rocher », ou se réduisent, comme pour Giovanni Drogo, à contempler le désert, comment alors faire la différence entre un pacifique observateur de déserts ou un dynamique pousseur de rocher et, par exemple, un violeur d'enfants ? Si tout est pure vanité, pure *maya* (« illusion »), est-ce qu'un camp d'extermination nazi revient au même qu'un projet de recherche scientifique pour vaincre une maladie... ? Si tout est imaginaire et « désêtre », est-ce alors la même chose de partager le pain que d'être complice de la misère du monde ?

La liste est assurément infinie et il est bien évident que la réponse que Camus donnerait à toutes ces questions serait négative : ce n'est en aucun cas la même chose. Mais que signifie alors cette attitude aristocratique nihiliste ? Pourquoi ne pas reconnaître qu'en situation rien n'est sans sens, que l'exigence de la situation est, pour les habitants de celle-ci, toujours suffisamment claire pour qu'au moins on ne puisse pas douter des réponses à donner aux questions précédentes ?

Une histoire raconte qu'un sage se trouvant dans la cour d'un roi est appelé par ce dernier à ses côtés. Celui-ci lui explique qu'il se prépare à lancer une opération de conquête d'un pays voisin. Le sage lui demande alors ce qu'il compte faire par la suite et le roi répond qu'ensuite il attaquera le pays suivant. À la même question du sage posée à plusieurs reprises, le roi finit par expliquer de quelle façon il pense conquérir le monde entier. Alors, une fois de plus, le sage demande : « Et ensuite, que ferez-vous ? », à quoi le souverain répond : « Ensuite, je reviendrai m'asseoir sur ce trône. » Le sage le regarde et après un silence lui dit : « Mais vous êtes déjà assis sur ce trône. » Voilà ce qui nous est présenté comme la morale de l'histoire : à quoi sert de chercher si loin le bonheur qu'on a sous la main ? Ou dit autrement : vanité des vanités, à quoi sert de sortir si c'est pour rentrer à nouveau ?

Il est certain que le caractère belliqueux de l'histoire militerait plutôt dans le sens du « sage », mais si nous la prenons comme une métaphore du désir, conçu comme toujours vain, les choses sont un peu différentes. Ledit « sage » apparaît alors comme étant tout simplement gagné à la logique utilitariste : il ne pense qu'en termes de « à quoi ça sert », analyse les choses de manière linéaire, et, au sein de cette vision unidimensionnelle, conclut que ce que veut le roi c'est « s'asseoir sur le trône », auquel cas il est vrai qu'il n'a pas choisi le chemin le plus court...

En poursuivant cette logique, pourquoi alors manger si de toute façon nous aurons de nouveau faim demain ? Ou pourquoi faire l'amour si nous l'avons déjà fait ? Ou encore pourquoi écrire une poésie s'il en existe déjà tellement ? Enfin, pourquoi vivre si nous devons mourir ? Ces questions placent d'emblée l'attitude du sage au niveau d'une simple crise d'adolescence où la question sur le sens des choses ne part pas tant d'une véritable préoccupation philosophique que d'une volonté de reconnaissance narcissique.

Les lamas du Tibet possèdent un rituel sacré qui consiste en la construction d'un grand tableau constitué de sables de différentes couleurs. Il s'agit de la construction d'une image sacrée qui n'a pas pour objectif la communication, pas plus que la volonté de perdurer, puisque, après la cérémonie, qui dure plusieurs jours, l'œuvre est détruite. Dans ce cas aussi, notre sage ne manquerait pas de trouver étrange que nous prenions un peu de sable pour qu'après un long « détour » nous n'obtenions, à la fin de l'opération, ni plus ni moins qu'un peu de sable... Mais justement, la seule question que l'art, la liberté, l'amour, la pensée, la vie ne supportent pas, c'est celle que l'individu ne cesse de s'adresser à lui-même sous la forme de : « À quoi cela me sert-il ? Pourquoi je fais ceci ou cela ? » Le faire qui est en harmonie avec l'activité de la situation ne peut qu'ignorer une telle question.

Le roi de notre histoire ne part pas « parce que... », dans le sens d'une logique linéaire qui pourrait donner une réponse utilitaire et transparente au pourquoi de son départ. Comme le dit le poète Cavafy, Ithaque est dans le chemin pour Ithaque [3] et si l'homme cherche, selon le proverbe, « loin le bonheur qui était au creux de sa main », ce n'est pas parce que, dans son aveuglement ou sa vanité, il ne sait pas prendre les « raccourcis » qui lui permettraient d'arriver plus rapidement à Ithaque ; il s'agit de comprendre que l'objectif n'est ni Ithaque ni le bonheur, que l'objectif de la vie est la vie elle-même dans le sens de et pour la situation, qu'en somme tout raccourci pour Ithaque nous fera manquer Ithaque. La vie désire la vie et cela n'est pas un énoncé de « désêtre », c'est bien au contraire ce qui nous permet d'expérimenter la totale quotidienneté de l'être au sein de chaque situation.

---

3. Constantin Cavafy, *Poèmes*, Gallimard, Paris, 1978, p. 102-103.

Les sages taoïstes, qui, contrairement au sage de l'histoire, sont de véritables sages, parlent ainsi de l'« utilité de l'inutile » non comme s'il y avait pour l'individu une utilité « supérieure » dans ce qui, à première vue, apparaît comme inutile, mais parce que, très souvent, ce qui est « utile » du point de vue de l'être de la situation apparaît dans l'étroite vision de l'individu comme profondément « inutile ». Il est vrai que, pour nos romantiques nihilistes, c'est toujours une mauvaise nouvelle de savoir que ce qui leur est extérieur, ce qui n'est pas leur personne si chérie, c'est-à-dire le monde et l'univers, ne fonctionne pas en accord avec leurs intérêts immédiats ; mais cela doit être, certainement, une erreur de Dieu...

Le point de vue situationnel

Pour en revenir à Sisyphe, la perspective change totalement si, au lieu de nous placer, comme Camus, du point de vue du sujet/individu, nous considérons les choses d'un point de vue situationnel. Le sujet se trouve alors pris au sein du « point de vue situationnel » ; autrement dit, la dépendance ou la surdétermination change de sens si c'est lui et les sujets qui dépendent du point de vue et non l'inverse. Depuis ce « point de vue » situationnel, nous ne pouvons plus nous interroger sur le sens ou le non-sens des actes de Sisyphe perçus comme une somme, une globalité, nous ne pouvons pas procéder à cette mise entre parenthèses, à cet isolement des actes d'un individu par rapport au devenir de la situation, faute de quoi nous nous condamnons à ne pouvoir en aucun cas comprendre ce dont il s'agit : procédant là à un découpage qui nous installe dans une abstraction totale, nous nous privons de toute possibilité de penser la chose. Essayer de comprendre les actes d'un individu comme s'il s'agissait d'un étant indivisible et toujours égal à lui-même, nous condamne à tomber dans ce que

Hegel, dans un article sur le « sens commun », présente comme la construction d'un niveau d'abstraction tel que rien n'est plus compréhensible.

Hegel décrit cette construction sophistique d'une abstraction totale pour répondre à un journaliste qui, désirant critiquer le système hégélien, lui demandait sarcastiquement qu'il lui explique quel était le rôle ou la place de sa plume au sein de sa philosophie. La plume de M. Krug, en effet, était de la sorte « inexplicable », puisque, comme l'écrit Hegel, en acceptant un découpage trop arbitraire au sein d'un ensemble, nous ne pouvons pas penser l'un de ses éléments qui, « abstrait » du contexte, de la totalité concrète, devient précisément trop abstrait pour que l'on puisse le comprendre.

Le Sisyphe de Camus est semblable à la plume de M. Krug : si nous extrayons un individu de sa situation, de ses situations, devrions-nous dire, et que nous essayons de nous situer dans une position extérieure pour juger la somme de ses actes, la seule conclusion à laquelle nous pouvons en effet aboutir, c'est, encore une fois, le non-sens. En revanche, si nous pensons le tableau d'un point de vue concret, c'est-à-dire situationnel, nous voyons que nous trouvons dans la situation, en tant qu'habitants et éléments, Sisyphe et son fameux rocher bien sûr, ainsi que la montagne, mais aussi Camus qui regarde, le regard et l'œil de Camus, les réflexions et les écrits de Camus, qui sont autant d'éléments inclus dans la situation.

La vanité de nos contemporains consiste évidemment à ne pas accepter que notre renoncement à une vision téléologique messianique de l'histoire n'empêche pas que nous puissions comprendre que, dans les actes et devenirs d'une situation, s'établissent, par des rencontres non nécessaires, ce que nous pouvons appeler les lignes stratégiques d'une situation. Or, bien que la stratégie d'une situation, c'est-à-dire son devenir, soit toujours surdéterminée, cette surdétermination n'est ni fataliste ni saturée ; les mille devenirs infinitésimaux permanents de la situation modifient et construisent sans cesse la « direction » de cette stratégie. Pour présenter cela dans des termes sartriens, nous pouvons dire qu'il s'agit d'une « dialectique sans synthèse » où le travail permanent construit une détotalisation permanente. Cette réalité existentielle de l'être humain, que Sartre présente en disant que « les hommes sont les ouvriers d'une vérité qu'ils ne connaîtront jamais », fait référence non à une conclusion nihiliste, à un néant final, mais à cet être de la situation comme jamais saturé, comme toujours en devenir.

Dans la position de Camus, il existe au contraire une vision statique de la situation dans le sens de « procéder à un diagnostic », diagnostic qui prend la forme d'un verdict : le néant ; l'horizon de l'homme est le néant. Le problème, c'est que cela ne peut être énoncé que depuis une position paradoxalement anthropocentrique, car c'est l'homme qui décide ainsi ce qui est « néant » et ce qui ne l'est pas. Au contraire, dans une optique situationnelle, la pensée exige que nous abandonnions cette « vanité », cette prétention à établir une hiérarchie, une liste de valeurs qui se sépare du devenir de la situation. Il n'existe donc pas de hiérarchie, de bien ni de mal qui existeraient pour l'homme de manière séparée de la situation. Penser le bien est impossible si nous ne le pensons pas en termes de ce qui est, simplement, le bien de et pour la situation de laquelle nous faisons partie. En ce sens, le bien pour la situation, c'est toujours ce qui augmente sa puissance, ce qui augmente son être, puisque la puissance est l'extension de la substance.

Il n'existe pas un bien « supra-situationnel » ou « trans-situationnel » ; nous ne pouvons pas parler de « situation universelle », dans le sens où il existerait une situation qui contiendrait l'ensemble de toutes les situations. C'est pour cela qu'il n'existe pas un bien « universel » (abstrait) qui se trouverait dans un au-delà de la situation concrète. Cela, loin de nous plonger dans un relativisme nihiliste, est au contraire pensable dans le sens où l'universel est ce qui existe, ce qui est donné comme « universel concret » dans chaque situation. Mais, s'il n'existe pas de bien « supra-situationnel », il n'existe pas non plus de bien « infra-situationnel ». Il est impossible de penser le bien en termes de « biens », au pluriel, comme si au sein d'une situation chaque élément de celle-ci pouvait avoir son propre bien, ou comme si, comme on dit à notre époque de « néosophisme » postmoderne, chaque vérité était relative et tout n'était question que d'opinion.

Au contraire, le bien est, comme nous le disions, bien de et pour la situation, ce qui ne revient nullement à penser dans les termes de la contradiction classique « individu/groupe » ou « individu/société ». La situation ne s'identifie pas à l'individu comme instance, mais elle ne s'identifie pas non plus ni au groupe ni à la société de manière figée et définitive, dans la mesure où la situation n'est pas la définition d'un étant quelconque, mais l'activité même de chaque étant dans le sens de l'autoproduction de son être.

Dès lors, il y a situation là où existe une singularité « non transitive », c'est-à-dire une singularité qui s'autoconstitue comme universel concret et qui n'a pas besoin de se justifier d'une autre situation qui lui est extérieure. En ce sens, ce qui existe comme intérêts particuliers au sein d'une situation peut être en contradiction avec ce que nous pouvons identifier comme la « stratégie » de la situation, sans que rien ne vienne imposer un « accord d'intérêt » pour définir le devenir de cette situation. Par exemple, nous pouvons comprendre qu'il est « de l'intérêt » de chaque être humain de posséder un véhicule automobile, ainsi que de ne pas être gêné par la manière dont il se débarrasse de ses ordures domestiques. De même, il peut être de l'intérêt d'un secteur social de n'être pas trop regardant quant aux questions écologiques ou de malnutrition, cela dans l'objectif de la poursuite de son profit financier, même si ces comportements vont dans le sens de la destruction de la situation dont il est pourtant un élément. À l'instar du scorpion qui demande au crapaud de l'aider à traverser la rivière en lui promettant de ne pas le piquer – puisque, lui fait-il remarquer, il mourra alors noyé –, et qui, au milieu de la rivière, le pique néanmoins. Le crapaud agonisant lui demande pourquoi il a fait cela puisqu'ils doivent alors mourir tous les deux, à quoi le scorpion répond : « Je n'ai pas pu m'en empêcher, c'est ma nature. » La « nature » de chaque individu ou groupe peut ainsi aller, à un moment donné, contre la stratégie d'autoproduction d'une situation, menant à sa perte l'individu ou le groupe lui-même. C'est pour cela que la question de la liberté de l'homme ne peut pas se résumer au concept de « libre arbitre ». La liberté est toujours du côté de la situation, de son développement et de sa vie. C'est ce que Philon d'Alexandrie expose en ces termes : « Mais il est un seul homme parmi les hommes qui refuse de reconnaître l'existence d'une providence cause de toutes choses et dont l'audace s'accroît grâce à son libre arbitre ; ainsi il perd sa santé mentale au profit de la folie, allant jusqu'à admirer l'absence de providence plutôt que la providence [4]. »

Ce que Philon présente sous le concept de « providence » est ce devenir sous la forme de l'exigence de chaque situation. Reconnaître cette « providence » revient à accepter que « les jeux sont faits », que nous ne sommes pas, en tant qu'habitants de la situation, ceux qui décident de l'être de cette situation et qu'en son sein notre « devenir libre » dépend non de notre opinion ou de nos appétits qui inspirent notre « libre arbitre », mais de notre capacité à répondre à l'exigence de la situation. Non seulement cela ne relève pas d'un quelconque « fatalisme », mais c'est au contraire ce qui dénonce tout fatalisme comme l'expression de la mauvaise foi au sens que Sartre donne à ce concept.

Une situation est ce qui ne dépend pas de notre volonté, c'est la stratégie au sein de laquelle nous existons. Dès lors,

---

4. PHILON D'ALEXANDRIE, *De providentia*, Cerf, Paris, 1973, p. 191.

est situation l'« état amoureux », au sens de l'amour passion qui n'est ni décidé ni maîtrisé par chaque individu, mais qui est ce point ontologique où les amants doivent dans leur amour décider d'un universel qui les contient. Situation est la relation de l'artiste avec son travail, avec les exigences qui lui sont « extérieures » et qu'il doit assumer dans cette besogne de se colleter avec une vérité qui ordonne la création artistique. Situation est aussi notre relation avec nous-mêmes, à certains moments de notre histoire, où nous nous rendons compte que dans ce « nous-mêmes », comme dans chaque monade, se trouve enveloppé l'univers. Situation est le partage et l'ordre social au sein duquel nous vivons, qui existe en tant que défi d'assumer la solidarité et la liberté comme exigence d'une réalité sociale.

De ce point de vue, une situation peut être individuelle ou collective, ou mixte, peu importe. Ce qui est indéniable, c'est que la pensée situationnelle ne s'oppose pas à l'individu, pas plus qu'au groupe ; la philosophie de la situation est la théorie et la pratique qui nous permettent d'aborder les singularités comme des autoaffirmations qui définissent un bien unique : c'est l'« intérêt » de la situation, en tant que pli existentiel, à continuer d'être et à se développer dans son mode. Mais il est certain que si l'amour, la création artistique, la passion libertaire, la pensée, la vie sont des éléments centraux des situations, le devenir d'une situation ne peut pas être identifié avec l'« intérêt » dans le sens utilitaire et unidimensionnel de chaque individu ou groupe qui habite et agit dans la situation. Si le plus intime, si le plus intérieur de l'homme est tissé d'extérieur, et si, à la fois, tout ce qui est extérieur nous est intérieur, l'homme ne peut pas se penser comme séparé de ce devenir situationnel. Ce moment qu'évoque Camus, dans lequel un homme arrive au crépuscule de sa vie, n'est pas un moment d'*Aufhebung*, c'est un moment parmi d'autres, où, pourquoi pas ?, l'homme peut se demander s'il a répondu, dans les différentes situations dont il a fait partie, aux différentes exigences qui s'y présentaient.

Dans notre langage, cela veut simplement dire de manière moins pompeuse qu'un homme peut se demander, à n'importe quel moment de sa vie, et pas seulement à la fin, si, après tout, il a vécu, ou si, au contraire, il a cédé aux chants des sirènes de la survie et du pouvoir, c'est-à-dire si, comme on pourrait le dire d'un point de vue spinoziste, il n'a pas été libre par amour de la mort. De sorte que la préoccupation de Camus reste du côté de la description de ce qu'est un individu, de ce qu'est un corps, comme description statique, même si la conclusion à laquelle il aboutit est qu'ils ne sont rien.

Puissance et situation

L'autre possibilité, c'est de nous préoccuper de ce qu'un corps peut, en ajoutant que « personne [...] n'a jusqu'à présent déterminé », comme le dit Spinoza, « ce que peut le Corps [5] ». Spinoza s'oppose ici à Camus dans la mesure où ce qu'il est impossible de faire, c'est de donner une définition une fois pour toutes. La puissance et l'exigence nous rendent impossible ce pessimisme narcissique puisque la totalisation taxinomique est toujours illusoire. Ici, nous pouvons aussi comprendre ce que dans un autre ouvrage nous avions appelé la « douce certitude du pire [6] ». Il est vrai que, si Sisyphe, apparemment, « répète » dans le sens analytique de la chose, nous pouvons suspecter que son activité est structurée par la pulsion de mort.

Dans ce cas, Sisyphe serait condamné à une vie virtuelle, à l'instar des personnages de *La invención de Morel* de Adolfo Bioy Casares, qui, pour échapper à la mort, se trouvent pris dans l'éternelle répétition, c'est-à-dire, en réalité, dans une mort absolue. Dès lors, l'unique possibilité de

5. Baruch SPINOZA, *Éthique*, Garnier-Flammarion, Paris, 1965, p. 137.
6. Miguel BENASAYAG, Édith CHARLTON, *Cette douce certitude du pire*, La Découverte, Paris, 1991.

sortie de la répétition serait la véritable mort, et, comme le prétend Heidegger, la seule chose que l'homme (le parlêtre), dans son « être-pour-la-mort », puisse (dans le pire des cas) manquer, c'est justement son rendez-vous avec la mort, rendez-vous qui l'arracherait à cette *maya* (illusion) qu'est la vie. Dans ce cas, la vie n'est plus seulement une longue méditation sur la mort, mais, qui plus est, la seule vérité devient l'anéantissement.

Si, au contraire, pour Spinoza, « un homme libre ne pense à aucune chose moins qu'à la mort, et sa sagesse est une méditation non de la mort mais de la vie [7] », c'est parce que cette « vie » est la vie de la situation et des situations multiples auxquelles la personne participe. Pour Spinoza comme pour Schopenhauer, toute obsession de la mort nous condamne à l'erreur consistant à ne pas voir que notre vie est « participation » à la vie, à la vie de la situation comme organisme vivant. Ainsi, l'individu, qui se pense comme finalité et cause de lui-même, se condamne-t-il à une survie de terreur et d'angoisse, parce que, inéluctablement, tout dans le monde où il vit lui échappe, lui est obscur et hostile.

Les philosophies occidentales, et en particulier les théories qui consacrent l'homme comme sujet autonome, ne peuvent pas accepter qu'il y ait dans les stratégies de la situation une exigence et un devenir qui ne peuvent être compris que de manière parcellaire par les hommes. Ce devenir est aussi compris de manière consistante, c'est-à-dire avec un sens mais sous condition, justement, d'abandonner le point de vue de l'universalité abstraite, le point de vue de la complétude. Si la situation est ce faisceau de stratégies, de surdéterminations et de devenirs qui s'auto-affirment de manière indépendante de notre volonté, l'exigence, qui n'est autre chose que « la liberté comme défi situationnel », est à penser comme une véritable « résultante » dans le sens donné à ce concept dans le domaine de la mécanique. Or cette résultante existe dans un devenir per-

---

7. Baruch Spinoza, *op. cit.*, p. 285.

manent et, bien qu'elle soit déterminée par les forces qui en sont à l'origine, c'est d'un « destin » qu'il s'agit et non pas d'un « fatalisme ». En tant qu'hommes, nous sommes toujours pris dans ces stratégies, en même temps qu'au sein de la multiplicité de situations que nous formons et qui nous forment, sans que nous puissions prétendre ni contrôler ni connaître la finalité vers laquelle se dirige la résultante, non à cause d'une ignorance ou d'une déficience de type cognitif, mais parce que toute « finalité » est instantanée, concrète. La stratégie de la situation en tant qu'organisme vivant n'existe que comme permanente totalité concrète qui se totalise et détotalise en un même moment.

Si ce que nous disent les nihilistes, si élégamment tristes et mélancoliques, c'est que, du point de vue de la complétude, il n'y a pas de sens, nous ne pouvons bien sûr qu'être d'accord avec eux. Mais le point de vue de la complétude est un point hypothétique, concevable logiquement, et qui se caractérise justement par le fait qu'il est ce point où aucun « point de vue » n'est possible. L'homme est condamné à accepter son destin d'être un être situationnel et par là même un être qui existe au sein d'un entrecroisement de points de vue et de consistances, même si celles-ci sont complexes et non linéaires. C'est pour cela que dans chaque instantanéité, dans chaque universel concret, la question du sens est non seulement présente dans et pour la situation, mais est même ce qui ordonne, sous la forme de l'exigence concrète, le devenir de la situation. Pour autant, ces instantanéités ne sont jamais l'*Aufhebung* finale. Ainsi, si nous voulons articuler destin et liberté, nous devons pouvoir concevoir le destin comme ce qui, à un moment donné, dans une coupe de la situation, apparaît comme l'enjeu, ce qui est donné en tant que défi à assumer. Cela, nous pouvons l'illustrer en nous référant à l'*Œdipe roi* de Sophocle.

Destin et liberté

Lorsque Œdipe est informé par la pythie que son destin est de tuer son père et de coucher avec sa mère, il essaye par tous les moyens d'y échapper en s'enfuyant. Mais ce que montre la tragédie de Sophocle, c'est de quelle manière un homme qui tente d'échapper à son destin devient, par ce geste même, l'esclave soumis de ce destin. Ce dernier se transforme alors, paradoxalement, en fatalité, car nier le destin, c'est nier le défi de la situation, cela signifie « devenir aveugle » dans un monde tragique et complexe.

En ce sens, le destin, qui ne se trouve jamais dans un hypothétique point du futur, mais qui est point de départ permanent, établit une « vérité d'existence », selon le concept de Leibniz, qui est ce qui s'oppose à la vérité d'essence (un triangle a nécessairement trois côtés, sinon ce n'est pas un triangle). Dans les vérités d'existence, nous sommes dans le cas de figure qu'énonçait Goethe dans son *Faust* : « Ce que tu as hérité, tu devras te l'approprier pour que cela t'appartienne[8]... » Ce qui apparaît comme « vérité » est de l'ordre d'une exigence, d'une résultante. La question ne sera donc jamais : comment être libre ?, ou encore : sommes-nous libres ? mais plutôt : comment devenir libres ?

Ainsi, Œdipe est celui qui se trouve confronté à un destin : il doit absolument commettre les deux crimes pour être Œdipe, mais, à la fois, l'homme est justement cet être qui participe à son destin (ce qui, à différents niveaux, est en partie vrai de la vie en général), car il peut le créer et le travailler. Si le destin désigne un « étant » comme un « être-là », la seule chose qui importe n'est pas ce que nous sommes en tant que définition, mais ce que nous pouvons faire avec ce que nous sommes. En d'autres termes, la seule façon que le destin ne se transforme pas en fatalité, c'est de

8. Johann Wolfgang von Goethe, *Faust*, Gallimard, coll. « Folio », Paris, 1978.

ne pas nous centrer de manière saturée sur la définition de ces forces qui modèlent la résultante. Notre exigence, l'éthique même de l'existence, est de voir ce que nous pouvons faire avec ce qui nous est donné, avec ce qui est donné.

Alors, contrairement aux petites histoires d'un docteur autrichien bien connu, Œdipe n'est ni œdipien ni parricide : ignorant que Laïos est son père, le désir parricide n'est pas ce qui motive son acte, de même qu'ignorant que Jocaste est sa mère, le désir « œdipien » n'est pas non plus ce qui provoque son « inceste ». Dans la psychologie, le destin et la tragédie laissent place à une série de petites explications plus ou moins mélodramatiques mais qui toutes tentent d'échapper au fait que la tragédie, le véritable « pathos », n'est pas psychopathologique. L'Œdipe des psychanalystes est en ce sens un effort désespéré de la culture occidentale pour domestiquer le tragique, le multidimensionnel de la vie. On établit ainsi une instance « cachée », l'inconscient ou le ça, mais l'histoire finit bien, car le « psy » pourra nous aider : il existe un lieu d'où les stratégies sont « lisibles ». Un psy pourrait de la sorte, sans aucun doute, nous expliquer, « de l'extérieur », pourquoi Sisyphe, par exemple, présente une fixation traumatique sur les rochers... Or les stratégies sont situationnelles, c'est pour cela que la psychologisation ne peut qu'anesthésier l'angoisse existentielle.

Penser en termes situationnels implique de penser en termes de « segments » de pensée, sachant que les stratégies incluent la pensée de ceux-ci. De sorte non seulement que l'œil qui regarde Sisyphe n'est pas extrait du tableau qu'il regarde, mais, qui plus est, son existence dépend en partie du fait que Sisyphe puisse maintenir son activité. Ce que l'œil croit pouvoir totaliser de l'activité de Sisyphe ne sera vrai que dans la stricte mesure où il ne se prétendra pas totalisant. Toute extériorité est doublement illusoire puisque l'observateur dépend, dans son être, de l'activité qu'il observe.

3

Frankenstein : un individu

Le corps comme ennemi

Paradigme du sujet autonome, en lutte pour dominer le monde, la figure de l'individu moderne ne peut être séparée du rêve, du projet central de la modernité, qui a comme axe principal le scientisme et le rationalisme. Selon cet idéal, la conscience, comme forme du sujet de la rationalité, s'oppose à son ennemi permanent : la matérialité, la nature, et à son représentant le plus immédiat et le plus quotidien : le corps, le propre corps de chacun d'entre nous. Dans cette optique, chacun, même dans la mesure où il participe aux « lumières » par le biais de la conscience, porte néanmoins en lui cette « condamnation », ce défi que constitue le fait de posséder un corps.

« Posséder un corps » : voilà déjà dans cette formulation même l'apparition du contenu profond de la cosmogonie qui l'articule : une instance « x », le « je » du « je pense », existe et se prononce comme unique preuve de son existence propre et de celle du monde. Cette instance consciente considère et énonce qu'elle « possède un corps » exactement comme on pourrait dire qu'on possède une voiture ou une maison, et dans l'exacte mesure où, aussi étroite que puisse être la relation avec cette « possession », il n'existe alors aucun type d'identification entre l'« objet » possédé et le sujet qui le possède. Car le corps est pour chaque conscience individuelle le défi même qui met en permanence en cause son pouvoir moïque. Aussi l'âme doit-elle pouvoir le manipuler selon sa volonté, comme si elle manipulait une marionnette sans vie, étymologiquement le « soma » faisant justement référence au corps comme cadavre.

Le mythe de Frankenstein illustre parfaitement ce rêve de domination comme idéal de la liberté humaine, domination depuis et à partir de l'« ennemi interne », le corps, qui doit, comme le reste du réel et de la nature, se plier au pouvoir de transparence du je conscient, idéal de l'individu. C'est donc au sein de ce dispositif culturel qu'apparaît ce mythe, bien sûr en tant que critique, mais en même temps radiographie, interprétation d'une époque.

Surgi de la géniale imagination d'une jeune fille qui n'avait, à l'époque, pas plus de dix-huit ans, Mary Shelley – qui était encore, en 1818, Mary Godwin –, le docteur Frankenstein incarne le paradigme de l'homme moderne pour lequel le rêve de la raison était déjà en train de devenir, aux yeux de la jeune romancière et de ses amis révolutionnaires romantiques, le cauchemar de l'esprit.

Pour le rationalisme moderne, si la liberté et le bonheur de l'homme sont ou passent par la domination, cette domination du réel doit s'effectuer par le biais de la raison. Raison qui, dans l'esprit occidental, est indissociable du déterminisme. La raison et le scientisme déterministe sont ainsi placés aux lieux de commande : n'est proclamé rationnel que ce qui est analytiquement prévisible, et la raison part en croisade pour la transparence totale. Dans la conquête du « continent noir » (du réel, de la nature ou de la femme), la transparence, le dépliement de la complexité seront un objectif en eux-mêmes et pour eux-mêmes. La représentation devient ainsi plus importante que le monde qu'elle est supposée représenter puisque aussi bien ce dernier s'obstine à pécher par opacité et complexité, qui sont autant de résistances au projet scientiste.

Au sein de cet idéal totalitaire et totalisant, déplier le réel, comprendre le réel (pour pouvoir ensuite le modifier à volonté) passe par une vision claire et arrêtée de ce que nous pourrions nommer la figure de l'« ingénieur ». L'ingénieur sait comment l'on construit les choses, il les connaît jusqu'à leur plus infime constituant, il sait les monter et les démonter, et de par leur obéissance elles deviennent, ou sont censées devenir, transparentes et modifiables. C'est pour cela que l'idéal de la modernité a toujours mal supporté sa cohabitation avec toutes les opacités propres à la vie. La vie est finalement, aux yeux de l'ingénieur positiviste, un mécanisme, certes complexe, mais un mécanisme tout de même, entendu comme ce qui peut être démonté, compris, transformé et recréé à volonté. Autrement dit, un mécanisme qui peut et doit être transparent à la raison.

Mystère et énigme

Tout se passe comme s'il s'agissait de laisser de côté tout mystère ou, pour le moins, de transformer tout mystère, toute opacité en une « énigme ». La différence entre mystère et énigme est loin de ne relever que d'un simple détail ou d'une vague nuance sémantique. Le concept de « mystère », en effet, nous suggère un impossible structural, un pli qui ne peut pas être « déplié ». Dans ce concept, la vérité est liée, non à un savoir supplémentaire, mais au contraire à ce qui interrompt un savoir à partir duquel se fonde et existe tout savoir. Dans le mystère, il y a un « non-su » infranchissable qui n'a rien à voir avec un quelconque obscurantisme, mais bien plutôt avec la possibilité rationnelle et pratique de connaître cette frontière qu'est la vérité.

Ce genre de position n'est bien entendu pas neuve, il est vrai que le « Je ne sais qu'une chose, c'est que je ne sais rien » de Socrate se perpétue chez les poètes et les penseurs au travers des siècles, sans oublier que cette fonction fondamentale et fondatrice du mystère se trouve à l'origine des philosophies taoïstes et bouddhistes. C'est aussi finalement ce qui sera fondé en « sciences » grâce à la théorie de l'incertitude de Heisenberg et aux théorèmes de Gödel. Ce non-savoir n'est donc pas un échec du savoir, mais la source de celui-ci. Le non-savoir de la vérité n'est pas une faille, c'est un moteur pour tout savoir qui existe ainsi comme exigence. Cet « impossible » ne fonde pas une interdiction, l'impossible n'est pas à l'origine de l'impuissance, mais, bien au contraire, au sein de la tradition socratique, c'est cet impossible qui fonde les possibles.

Telle est de manière brève l'évocation d'une « ligne du mystère ». L'« énigme », en revanche, implique une conception très différente qui part du postulat qu'un savoir à la fois « consistant et complet » est possible. C'est là ce que signifie la fameuse phrase de Kepler, pour lequel ce qui différencie Dieu des hommes, c'est que le premier connaît de tous temps tous les théorèmes, tandis que les seconds ne les connaissent pas tous encore. Ce « pas encore » montre bien ce qu'est l'esprit de l'homme de la modernité, pour lequel il existe bien des énigmes, des « angles morts », mais dans la stricte mesure où il devra et pourra les connaître et les dominer tout comme l'ensemble du réel.

C'est ainsi qu'à l'une des questions philosophiques et scientifiques centrales qui incarnaient l'énigme du mécanisme de la vie, on pensait qu'il fallait donner une « solution finale » (c'est en ces termes que s'exprimait le logicien allemand Hilbert, parlant des problèmes qui freinaient le développement des mathématiques au début du siècle et qui avaient à voir avec la contradiction). Cette question, c'est celle que nous pouvons tout simplement énoncer sous la forme de : « Qu'est-ce qu'un homme ? » Le scientisme du début du XIXe siècle donne une réponse pas très éloignée de celle des scientistes positivistes contemporains près de deux siècles plus tard, à savoir qu'un homme c'est x mètres carrés de peau, plusieurs mètres d'intestins, de canalisations diverses, de muscles, une grande quantité d'eau, etc. Autrement dit, qu'il suffit de déplier un homme pour avoir un accès direct à la base de l'énigme. Un homme, comme n'importe quelle énigme, se résumerait à une agrégation d'éléments que l'on peut et doit connaître pour pouvoir agir et dominer le réel. Comme s'il s'agissait, dans cet affrontement « mystère-énigme », d'une lutte parallèle, une telle position ne peut manquer de nous évoquer cette phrase de Leibniz : « Là où il existe des êtres par agrégation il n'y aura pas d'êtres du tout [1]. »

Mais, en 1818, la jeune Mary ne pouvait pas connaître les travaux qui donneraient naissance, quelques dizaines d'années plus tard, à la génétique. C'est pourquoi, dans son conte *Frankenstein, ou Le Prométhée moderne*, afin de reproduire un homme, le docteur Frankenstein ne peut se servir de la technique du clonage, qui est aujourd'hui une réalité. Il devra se contenter des restes humains encore frais qu'il ira récolter au cimetière. Mais notre bon docteur n'agit pas à l'aveuglette, au contraire : précédant de presque deux siècles nos généticiens modernes, il prend bien soin de choisir parmi les restes de corps ceux qui proviennent de personnes « bien nées ». La sélection et le rêve eugéniste n'apparaissent pas, de la sorte, comme le prétend l'opinion actuelle, comme un accident inévitable, fruit de l'avancée scientifique. En effet, « améliorer la race » au nom du bien de l'humanité ne correspond pas à un hasard, à une découverte scientifique qui, en rendant possible la sélection, permet (à certains) de penser à l'eugénisme. Bien au contraire. Comme le montre ce passage du roman, c'est la quête de l'eugénisme (au nom du bien) qui motive la recherche et non l'inverse. Même si de cela les scientifiques, à défaut d'être « innocents », sont pour le moins « ignorants ».

1. Wilhelm Gottfried Leibniz, *Monadologie*, Vrin, Paris, 1972.

Par ailleurs, ce qui est créé devrait, en principe, être transparent aux yeux du créateur, c'est pour cela que les hommes se tournent vers Dieu lorsqu'ils désirent connaître leur propre secret. L'homme comme création essaye ainsi de devenir transparent à lui-même par le biais de la création d'un autre homme. C'est ainsi que le monstre naît non seulement de l'assemblage des morceaux de corps, mais, petite concession faite à la transcendance, de la rencontre de ce collage avec un éclair qui lui donne l'énergie nécessaire. Le monstre créé n'aura paradoxalement pas de nom, on l'appellera simplement, dans le roman, la « créature ». Mais l'histoire et le devenir ont bien fait les choses, puisque avec le temps on a fini par identifier la créature et son créateur.

Le monstre est ainsi posé comme archétype de l'homme moderne dans la mesure où il est à la fois le docteur et la créature : idéal de l'individu moderne, créateur et créature dans un seul et même être. L'idéal de l'individu est de nos jours l'héritier direct de cette prophétie romanesque. Le corps humain est vécu comme un assemblage d'organes qui doivent être utilisés au service d'une instance supérieure, le « moi », de la même façon que la société de l'individu considère que la nature et le monde doivent suivre ce même chemin de devenirs transparents et constructibles. Ces expériences génétiques, mélanges étranges d'espèces, transgression systématique de tout ce qui, jusqu'hier, ordonnait notre monde, apparaissent ainsi comme un cheminement innocent, une inoffensive combinatoire de progrès scientifiques et techniques qui ne correspondrait à aucun fantasme ou idéologie.

Ce passage du mystère à l'énigme peut aussi être pensé comme le passage du code, ensemble de valeurs et d'ordres d'une culture donnée, à la « combinatoire », qui est la construction d'un « code désacralisé ». Dit autrement, la combinatoire, contrairement au fonctionnement d'un code, est composée par des éléments interchangeables sans aucune « qualité ». Une société fondée sur une combinatoire est une société sérialisée à l'extrême, déterritorialisée. Chaque élément ou individu doit être « presque vide » dans un égalitarisme massifiant, où le mythe qui inspire la vie en société est un mythe d'autonomie totale. En d'autres termes, dans une société « combinatoire », les hommes croient que les lois et les principes d'une société ne sont créés ou ne doivent être créés que par et pour les habitants de celle-ci.

Le mécanisme de désacralisation consiste précisément à nier ou à s'opposer à la conception selon laquelle il existe des principes ou des lois nécessaires à partir desquels une société peut exister. Ces principes ne sont pas « universels » dans le sens moderne du concept puisque aucune forme concrète ne constitue une « forme universelle » ou un modèle. Mais ces principes sont, bien que non « humanistes », profondément humains dans la mesure où ils participent ou dévient des principes élémentaires de la vie même, lesquels ne résultent en aucun cas d'un accord entre docteurs et ingénieurs.

Frankenstein, comme nos techniciens et nos scientifiques contemporains, considère que toute limite à l'autonomie, toute limite à la maîtrise de l'homme sur le réel est à abolir, à déplier. Le tout ne saura alors être autre chose que la somme, certes complexe, mais somme tout de même, des parties, et ces parties doivent toutes être connues sur le chemin vers la maîtrise totale. Promesse prophétique d'un homme-dieu, créateur créé, dans un monde sans âme, sans mystère ni opacités, Frankenstein est le père de la société panoptique, de l'utilitarisme que Bentham, contemporain de Mary Godwin, était en train d'élaborer comme modèle d'une ville et d'un monde de « lumières sans ombres ».

L'homme-dieu

Dans le mythe de Frankenstein, l'homme apparaît comme la créature créatrice, finalement débarrassée de

Dieu, puisqu'il s'autoproclame mûr pour occuper la place de tout-puissant. De la sorte, de même que la créature prend le nom du créateur et finit par se confondre avec lui, de même l'homme, dans sa volonté de maîtrise totale et son arrogance sans bornes, finit par se prendre pour Dieu et par se croire maître de la création.

Ce monde « sans frontières » pour la raison humaine, ce monde panoptique que Mary essaie de dépeindre par le biais d'une « histoire à glacer le sang » (selon ses propres termes), ce monde de cauchemar que la jeune anarchiste romantique ne parvient pourtant pas réellement à décrire jusqu'à la limite de l'horreur, est tout simplement notre monde quotidien contemporain. Comme l'écrit Novalis, dans un tel monde, les dieux habitent et se réfugient dans les nuits...

Mais Frankenstein, pas plus que les critiques d'Habermas ou d'autres disciples de l'École de Francfort, ne part pas d'une vision réactionnaire du monde. Au contraire, c'est dans une profonde préoccupation pour la liberté que ces critiques sont élaborées : il ne s'agit pas de freiner ou de limiter la liberté des hommes, mais bien plutôt de nous rappeler que le scientisme et le rationalisme, dans leur orgueil inébranlable, sont la figure même du *Titanic*. L'homme du panoptique, l'individu qui a « vaincu tous les obstacles naturels », n'est pas seulement l'homme du paradis, celui du bonheur sans limites. L'homme créé par nos sociétés « frankensteinesques » est aussi et surtout l'exclu total, l'errant nostalgique qui ne parvient jamais à assumer la figure du nomade puisque son errance est due à une déterritorialisation, à un déracinement, qui l'exile non plus uniquement de sa société et de son histoire, mais aussi de lui-même. Nos sociétés, loin d'avoir construit un paradis d'« hommes-dieux », ont bien plutôt bâti une culture où l'exclusion et la tristesse sont la norme et le seul horizon.

La société de l'individu place au centre de sa préoccupation l'opposition « force-faiblesse », et, à partir de cette dichotomie simpliste, s'ordonne le quotidien de nos vies, tenus que nous sommes d'éviter en permanence de nous trouver en position de faiblesse. Mais, qui plus est, force et faiblesse apparaissent comme un véritable vecteur téléologique qui donne un sens en soi au devenir même de l'humanité, laquelle doit se diriger vers la force, en repoussant toute faiblesse : libre est l'homme ou le peuple qui est « fort ».

Cependant, la créature nous rappelle l'existence d'une autre dimension échappant radicalement à cette dichotomie fort-faible qui nous condamne systématiquement à reproduire les schémas de l'oppression et du pouvoir : celle de la fragilité. L'adoption de la créature par une famille constituera une reterritorialisation, un ancrage par lequel elle s'humanisera, se pacifiera par la voie de ce qui fut, est et sera opacité romantique : l'amour et la solidarité qui en découle. La petite fille qui permet que le lien se recompose est présentée par Mary Godwin comme étrangère de fait au panoptique puisqu'elle est aveugle, et c'est la cécité physiologique qui lui donnera la paix d'esprit nécessaire pour « voir » l'âme et la bonté qui se cachait entre les plis de la créature.

C'est dans cette dimension de la fragilité que la petite fille et la créature se rencontrent, car aucun des deux ne désire ni dominer ni écraser l'autre. C'est que tous deux savent cette vérité fondamentale qu'il n'y a pas de dominateur qui ne soit dominé, ou, dit autrement, que la solidarité et l'amour sont indispensables pour vivre, pour que la vie soit.

4

Déconstruction de l'individu

La formation de l'individu

C'est parce que nous ignorons nos déterminations que nous nous sentons libres, explique Spinoza dans son *Éthique*. Et il nous prévient que, pour comprendre le phénomène humain, il faut refuser d'emblée l'idée fausse d'après laquelle l'homme serait un empire dans un empire. Pourtant, c'est bien là que nous en sommes arrivés : l'homme comme mode d'être a pris la forme de la figure de l'individu comme séparation radicale de l'être.

Cela est le fruit d'un long parcours de formation d'un pouvoir fondé sur l'exclusion et la séparation. Nous pouvons d'une façon synthétique présenter ce processus de « décantation » comme le cheminement qui nous amène des terres complexes de la substance jusqu'à l'hypersimplification panoptique capable de produire ce personnage que nous avons présenté comme l'individu/moi. Les étapes à franchir seraient les suivantes. De la substance originelle, telle que l'on peut concevoir la sorte de magma dans lequel se fond tout l'existant, on procède à une première séparation de la matière inorganique et de la matière organique. Dans celle-ci, on laisse de côté le végétal pour privilégier l'animal, puis on opère une autre coupure en laissant du côté de l'opacité, du voile, l'animal, pour ne garder que l'homme. Une fois arrivé à l'homme, on procède à une nouvelle séparation, le véritable homme n'étant pas celui qui existe quand il dort mais lorsqu'il est éveillé, conscient. Puis, dans cet homme éveillé, on établit clairement la séparation entre le fou, qui reste du côté du voile et de l'opacité, et l'homme normal, le « sage ». Mais, là encore, on sépare chez l'homme sage, l'imaginaire, qu'on laisse de côté, ne gardant que la raison, plus proche du projet du pouvoir. Enfin, de la raison on sépare le désir, beaucoup trop opaque, du savoir.

Seul cet homme-là, qui aura été distillé jusqu'au savoir conscient et qui aura prétendument laissé derrière lui toutes les étapes précédentes, méritera la dénomination d'individu/moi.

Bien entendu, ce personnage-là, cet *homo dialecticus* comme le nomme Foucault, est un être de pouvoir, pouvoir et domination qui s'exercent sur toutes les étapes « inférieures » qu'il a dû exclure pour advenir au moi transparent. L'individu identifie conscience, raison et déterminisme ; c'est là l'origine du rationalisme et du scientisme comme idéologie du pouvoir. Car, aux yeux de cet individu qui se prétend autonome et qui a comme projet sa propre maîtrise et celle du réel, l'incertitude apparaît comme l'ennemi le plus dangereux. Celle-ci prendra la forme, dans l'imaginaire de la modernité, du caractère « récalcitrant » du réel qui met systématiquement en échec le projet de transparence panoptique du rationalisme. Pour ce dernier, nous l'avons vu, n'est admis comme rationnel que l'analytiquement prévisible, de sorte que tout ce qui ne rentre pas dans les capacités de prédictibilité humaine sera nommé « incertain ». En procédant par là à une fusion d'autorité entre l'imprévisible qui regarde le sujet et l'incertain qui serait du côté de l'objet étudié.

Cette quête de la transparence correspond à la désacralisation propre à la modernité : le sacré est, comme le présente Mircea Eliade, ce qui « se révèle par les symboles [et qui] est libre et insaisissable ; ses manifestations sont donc imprévisibles et toujours nouvelles. Le sacré fait irruption dans la vie des individus [1]. » Il deviendra dès lors le représentant du « voile », de l'opacité et du pli à déplier. Le projet de l'individu consistera alors à chasser tout ce qui peut être imprévisible, tout ce qui pourrait être « toujours nouveau » et pourrait « faire irruption dans la vie des individus ». Le sacré sera perçu comme le continent noir que les lumières de la conscience devront conquérir et dominer. L'individu connaîtra ainsi deux fronts dans cette lutte, deux ennemis : l'extérieur, sous la forme du milieu dans lequel il vit, mais aussi l'intérieur, le corps lui-même, qui résiste à la maîtrise de la conscience.

L'individu/moi est présenté comme ne participant pas de toutes les étapes exclues, mais comme étant, bien entendu, radicalement séparé de tout ce qui lui rappelle son appartenance en tant que mode à la substance originelle. Si, comme nous le disions, les hommes sont des îles dans la mer mais que les îles sont elles-mêmes des plis de la mer, la formation historique de l'individu aura pour objectif de nier ce principe ontologique. L'individu est une île qui n'accepte aucunement le fait d'être un pli de la mer. Il se perçoit et agit comme transparence pure séparée à jamais de la mer, de la substance dont il est issu.

L'individu comme « vérité de perspective »

La déconstruction de l'individu ne vise donc pas à l'analyse de ce que l'on pourrait appeler la « personne humaine », mais plutôt, comme nous l'avons dit, à mettre en lumière qu' « individu » signifie une forme de pouvoir

1. Mircea ELIADE, *Le Sacré et le Profane*, Gallimard, coll. « Folio », Paris, 1965.

social. En effet, l'individu, une fois déconstruit, ne laisse pas place, d'après nous, à une autre vérité de l'être humain. Celui-ci, fût-ce sous sa forme individuelle, existe en tant que personne. Or « personne », étymologiquement, veut dire « masque ». La tentation serait donc d'ôter le masque pour découvrir une vérité profonde de chaque individu. D'où les formules si courantes dans la psychologie telles que : « Être soi-même », « Être proche de sa vérité profonde », etc., toutes formules qui flattent le narcissisme de l'individu. Mais ce que cache le masque n'est pas une autre unité plus proche d'une authenticité quelconque ; c'est la multiplicité non dénombrable qui constitue chaque personne en tant que pli. La philosophie orientale, que ce soit le bouddhisme ou le taoïsme, conclut de ce fait que l'individu en tant qu'étant n'est qu'une pure illusion (*maya*). À notre avis, le fait que le pli soit un mode de la substance n'empêche pas de penser d'une façon spinoziste que, néanmoins, la substance n'existe qu'à travers ses plis. Ainsi, un individu, un pli n'est pas à penser comme déchiré entre l'optique moderne qui le présente comme seule vérité absolue et la vision orientale qui le conçoit comme pure *maya*. L'individu est selon nous pensable par le biais du concept de « vérité de perspective ».

Une vérité de perspective est ce qui peut être présenté par l'exemple simple d'une pièce de cinq francs qui, si on la place au bon endroit et que l'on ferme un œil, est pour nous « plus grosse que le soleil ». Il est vrai que dans l'absolu nous savons qu'elle ne l'est pas, toutefois, placée selon un certain angle, et à un certain moment, la pièce de cinq francs suffit effectivement pour cacher le soleil tout entier. Si cela était *maya*, la conséquence immédiate serait qu'on se brûlerait tout bonnement la rétine. Une vérité de perspective a donc quelque chose de vrai dans la mesure où une vérité est toujours ce point de réel qui ordonne une situation. Mais, en même temps, cette vérité est toujours « de perspective », faute de quoi on serait obligé d'accepter avec les postmodernes que tout n'est question que de récit, de subjectivité, et que, par exemple, la taille respective de la pièce de cinq francs et du soleil ne sont que des réalités relatives sans aucune limite, car ne dépendant que de la construction du récit en question. Ainsi, « vérité de perspective » ne veut pas dire constitution d'une subjectivité quelconque, ni non plus qu'une situation soit simplement une partie d'un tout qui, lui, existerait de façon « objective ».

Pourtant, cette construction qu'est l'individu panoptique s'autoperçoit comme une entité transcendante à toutes les situations dans lesquelles il se trouve comme par le plus pur des hasards. Il possède un catalogue très étendu, voire infini, de questions, indignations et revendications au travers desquelles, telle une entité éthérée et transcendante, il exprime sa plainte d'être si mal loti et incarné. Mais, finalement, quelle peut bien être la réalité, la nature ontologique d'une telle instance qui se revendique autonome, voire gênée par les différentes « prisons » dans lesquelles elle se trouve ? Dire à quelqu'un : « Tu as la chance d'être intelligent » ou : « Quel malheur que tu sois sourd ! » relève de cet idéalisme spectaculaire propre à l'idéologie de l'individu, idéologie de la séparation la plus radicale, car que peut-il bien exister en dehors du réel, du corps, de l'âge, de l'époque, de la filiation, de la beauté ou de la laideur, des caractéristiques corporelles, etc., qui constituent l'ensemble des déterminants en tant que multiples constitutifs de la personne ?

L'individu serait ainsi en quelque sorte le « en soi » de ce que l'on pourrait nommer le « soi-même », dimension de l'ordre social et historique de la personne, « pour soi ». L'individu refuse le devenir et la multiplicité, il se veut une unité intangible et non modifiable. C'est pourquoi il ne peut qu'aspirer au néant, car, comme l'écrit Vladimir Jankélévitch, « si le devenir est la seule manière d'être de l'être, celui qui refuse de devenir aspire par là même au néant [2] ». Or aspirer au néant, c'est bel et bien ce à quoi nous invitent les philosophies qui considèrent la mort comme le point d'unification de ce qui, au quotidien, apparaît comme une multiplicité. Refuser le néant, aller dans le sens d'une philosophie de la vie, implique d'accepter que celle-ci est, comme l'écrit Damascius, « ce toujours dans le devenir [3] ». Ainsi, la personne non moderne existe dans des situations concrètes et accepte le devenir comme les lois d'un sacré dont elle n'est pas le maître.

À cet égard, nous pouvons opposer les deux conceptions radicalement différentes de l'homme comme relevant de deux constellations différentes. La première, qui existe sous des formes très variées, est cette constellation propre aux cultures et aux civilisations non désacralisées par la modernité. Dans celles-ci, l'individu n'est pas conçu comme étant fondé sur un principe d'identité. Très concrètement, nous ne pouvons pas dire qu'une personne soit égale à elle-même. La personne existe d'emblée comme une multiplicité divisée, comme dans la formule « JE est un autre ». Elle ne se pose donc pas en tant que sujet qui aspire à la maîtrise d'un réel qu'il penserait comme extérieur. Dans cette constellation-là, la personne est traversée par des passions, par des pensées et par des destins dont elle n'est aucunement l'origine ou le maître. De telle sorte que la liberté est ce défi que chacun doit assumer : liberté s'articule avec destin, avec assomption du destin. La mort sous sa forme individuelle n'est plus concevable comme cette barrière totale et définitive, mais comme un élément pensable uniquement depuis la vie de la communauté.

---

2. Vladimir Jankélévitch, *Le Pur et l'Impur*, Flammarion, coll. « Champs », Paris, 1960.

3. Damascius, *op. cit.*

L'exemple d'Ajax

L'*Ajax* de Sophocle nous fournit un exemple illustrant bien cette multiplicité de l'homme non moderne. La pièce, construite en trois épisodes, nous présente, en premier lieu, l'Ajax héros de la guerre, adulé et jalousé, y compris par les dieux. Dans un deuxième épisode, nous assistons à la folie d'Ajax, folie qui, tout autant que l'héroïsme, ne connaît pas, dans le monde classique, que des causes endogènes. En effet, à l'instar de l'amour, flèche de Cupidon ou philtre magique, dans les mondes non modernes, ce que nous vivons de plus intime est à la fois le plus extérieur à nous-mêmes. Ajax extermine donc le troupeau appartenant à son peuple. Dans un troisième temps, sorti de la tempête passionnelle, il se rend compte de son acte, doit assumer ce que « moi, en tant qu'un autre » a fait, et cela dans une extériorité totale, car il n'est plus le même que celui qui a exterminé le troupeau et il n'est déjà plus le héros adulé. Il sera alors Ajax suicidé.

Le problème se pose pour les amis d'Ajax de décider de la forme que prendra le rituel funéraire. Il faudra préalablement établir si l'on a affaire à Ajax héros, Ajax fou et traître ou Ajax faible et suicidé. Il va de soi que pour Sophocle une telle question n'a pas de réponse : c'est la structure même de la tragédie. En effet, s'il existe des tragédies, s'il existe un pathos humain, c'est parce que toute *Aufhebung*, toute synthèse, toute bonne solution est impossible.

Dès lors, l'homme, qui n'est pas encore réduit à l'unidimensionnalité de l'individu, existe à travers et malgré sa multiplicité. Être soi-même implique d'assumer ce que moi en tant qu'un autre a fait dans le passé. Il n'y a d'unité dans l'individu qu'à travers et grâce à la mémoire. Comme l'écrit Horace : « *Mutato nomine de te fabula narratur* » (« Sous un autre nom, c'est de toi qu'il s'agit »). La personne humaine ne peut exister qu'en assumant la liberté dans un présent qui, parce que non unidimensionnel, inclut le passé et l'avenir.

Individu et transparence

Pour l'homme de la modernité, en revanche, tout se passe comme si son unité était donnée d'emblée et que, tout en traversant diverses aventures et accidents, elle restait néanmoins (A=A) identique à elle-même. La propre auto-appartenance de l'homme moderne se présente, en tant que produit du capitalisme, comme ce producteur indépendant, cette main-d'œuvre « libre », véritable flux déterritorialisé, qui se prétend propriétaire de sa force de travail à l'instar du capitalisme, propriétaire des forces de production. L'exploitation prend ainsi la figure idyllique d'un contrat entre deux hommes libres.

Le moi « possède » un corps comme force de travail ; il pense que celui-ci « lui appartient ». « Mon corps m'appartient » représenta à un certain moment de l'histoire féministe une consigne libertaire, mais, dans l'idéologie de l'individu, l'appartenance du corps va toujours dans le sens d'une dénégation du devenir. Car le corps, en tant que mode d'être de la substance, se révèle pour l'individu une propriété rebelle et récalcitrante. Le corps veillit, il est malade, il est sujet aux désirs et aux passions, il a des appétits divers et, surtout, il est périssable. Le corps rappelle à l'individu, en tant que formation idéologique, le réel du devenir. C'est pour cela que l'individu tâchera par tous les moyens de contrôler ou de refouler ce devenir par le biais de la maîtrise de son corps.

De sorte que l'idéal panoptique de nos sociétés établit, comme l'explique Foucault dans *Surveiller et punir*, une identité entre bien et transparence. Le *nec plus ultra* de l'individualisme, l'*homo americanus*, perçoit son corps comme s'il avait un scanner incorporé dans la tête. Il croit pouvoir voir, et par là contrôler, ses flux et mécanismes physiologiques les plus intimes. Il se pense, ce triste personnage, comme une machine dont il observerait en permanence le devenir des lipides, la pénétration de la fumée, le développement des cellules musculaires, etc. Parallèlement, l'opacité est immédiatement perçue comme « maladive ». Le rapport que l'individu entretient avec son propre corps reflète l'état de guerre dans lequel la société moderne existe par rapport au monde et à la nature. Il est intéressant à cet égard de citer le philosophe Tchouang-Tseu, pour qui toute illusion d'appartenance ne peut renvoyer qu'à une stupidité naïve qui conduirait à l'erreur : « – Si mon corps n'est pas à moi, à qui est-il ? demanda Chouen. – Votre corps, dit T'cheng, n'est qu'une forme qui vous est remise par le ciel et la terre ; votre vie n'est pas à vous, elle n'est que le produit de l'union du ciel et de la terre qui vous est remis [...]. Comment donc prétendez-vous pouvoir posséder quelque chose [4] ? »

Nous voyons ici très clairement le caractère aberrant de l'assimilation moderne entre liberté et domination. Si l'objectif de la société moderne est d'arriver au « bonheur », l'image du bonheur, voire son essence même, est toujours identifiée à la possibilité d'un choix illimité. L'homme unidimensionnel est heureux dans un monde-supermarché où il peut choisir entre quatre, cinq, cent marques différentes de la même soupe. Le bonheur est assimilé à l'absence de contraintes, qui, en ce qui concerne le devenir, passerait, comme Tchouang-Tseu l'indique, par la possibilité de maîtriser, voire arrêter, le devenir du réel du corps. Le seul corollaire d'un dispositif semblable, c'est que l'individu ne peut que vivre dans l'attente d'un tel pouvoir,

4. TCHOUANG-TSEU, *Œuvre complète*, Gallimard/Unesco, coll. « Connaissance de l'Orient », Paris, 1969, p. 178.

il ne peut se vivre que comme être de manque, bref une constellation de la tristesse.

Contrairement au présent multidimensionnel de saint Augustin, le présent de l'individu n'est donc jamais que le temps lourd de l'attente. L'individu qui se conçoit comme être de manque ne pense jamais le présent en tant que plénitude. Le devenir n'est pas ce qui est, mais le témoignage de ce qui n'est pas encore. Dans la société du spectacle, le passé est ce qui est irrémédiablement perdu mais qui pourtant nous surdétermine. Le futur est promesse ou menace mais jamais aujourd'hui, et le présent, loin d'être un ici et maintenant où l'étant développe son activité, est, comme nous l'avons évoqué, une pure instantanéité presque inexistante. Non pas qu'on ne connaisse pas de moments de joie, de liberté, de pensée ou de création, bien au contraire. Mais tous ces moments-là ne sont possibles dans notre monde que sous condition de subvertir peu ou prou la société du spectacle et de la représentation.

Le monde chimérique de l'individu est un monde dépourvu au maximum de toute indiscernabilité. Ce monde de transparence, ce royaume de la raison, a fait rêver les philosophes rationalistes. Kant, par exemple, propose à Frédéric II une sorte de contrat du « despotisme rationnel », usage public et libre de la raison d'après le philosophe, comme garantie d'obéissance. Toutefois, Kant précise qu'un tel despotisme rationnel, véritable société panoptique dirions-nous, ne peut exister que sous condition que le principe politique auquel il faut obéir soit lui-même conforme à la raison universelle. L'*Aufklärung* rêve ainsi d'une société parvenue à ce moment où l'humanité, en faisant usage de sa propre raison, pourra ne plus se soumettre à aucune autorité. Rêve de la raison, cauchemar de l'esprit. De ce point de vue-là, le stalinisme fut dans notre siècle la tentative d'établir une société sous l'exigence de l'*Aufklärung* et qui, malgré la vision socialisante, gardait au cœur de son dispositif le noyau de l'individu.

Les différentes expériences « socialistes » conservaient en effet les mêmes images identificatoires de bonheur que le capitalisme. Elles s'adressaient au même roi : l'individu, lequel devait reconnaître que son intérêt se trouvait mieux représenté par le socialisme rationnel que par la société bourgeoise. Or, comme Marx lui-même l'écrit dans les *Grundrisse*, le capitalisme n'a nul besoin d'une classe capitaliste pour survivre. C'est ainsi que les expériences staliniennes furent toutes des expériences capitalistes dégénérées. Non qu'on puisse imaginer comme alternative à ces expériences une quelconque « véritable » société communiste, mais plutôt, comme nous l'avons évoqué, que le communisme est à entendre comme ce qui existe dans chaque situation sous la forme d'une exigence.

L'individu divisible

L'étude de l'individu nous permet de le percevoir dans sa dimension de formation historique et anthropologique, c'est-à-dire comme correspondant à un devenir et non pas à une figure de la personne qui eût été là depuis toujours et au travers de toutes les cultures. Nous l'avons dit, si l'individu n'est pas la personne, c'est parce qu'il est le nom d'une organisation sociale ; c'est pourquoi, si nous sommes toujours en mesure, d'un point de vue anthropologique, de nous poser la question de la place de la personne dans les différentes sociétés et cultures, la question de l'établissement de la contradiction individu-société n'a pas lieu d'être, car l'individu est le nom et la figure d'une société déterminée, celle de la modernité et du développement du capitalisme. De ce point de vue, il n'y a donc pas eu d'« individu » dans d'autres cultures.

L'individu apparaît ainsi au travers de sa formation comme un atome indivisible. Or, comme nous l'avons vu, la personne se présente au contraire comme une multiplicité, ou peut-être devrions-nous dire comme un « individu divisible ». L'individu divisible est ainsi ce multiple qui possède tout de même une certaine unité, « un multiple qui participe de quelque façon à l'un » selon la formulation des philosophes néoplatoniciens. Chaque multiple qui participe en quelque sorte à l'un, c'est-à-dire qui existe avec une essence qui lui est propre en tant que mode d'être, a sa particularité, même si celle-ci n'est jamais autonome ou séparée de la multiplicité à laquelle il participe à son tour.

Si une personne est avant tout un corps, pour Spinoza, l'individualité (au sens de particularité) d'un corps se définit comme suit : c'est lorsqu'un certain rapport composé et complexe de mouvements et de repos se maintient à travers tous les changements qui affectent les parties de ce corps. Autrement dit, l'identité d'un pli (personne), loin d'épuiser son être dans une fixité quelconque, sera au contraire toujours en devenir. L'individu divisé ne se pose donc pas la question d'une quelconque identité profonde dont il serait issu, mais au contraire, en tant que personnes, nous ne pouvons que constater les différents processus physiques, intellectuels, etc., qui nous traversent et auxquels nous participons. Dit autrement, l'individu divisé ne s'étonne pas de ce qui lui arrive, mais il constate que « ça arrive », en soulignant par là le caractère toujours participatif de notre vie et de notre quotidien à la situation dont nous sommes les éléments.

Rien n'est donné à l'individu divisé sous la forme d'une appartenance, d'une propriété. Contrairement aux tendances du capitalisme développé, qui trouve toujours une façon d'exprimer en argent comptant la valeur d'une partie quelconque du corps (par le biais, notamment, des assurances), l'individu divisé, l'habitant de la situation ne peut en aucun cas définir d'une façon précise et définitive ce qu'il est. Suis-je mon doigt ? Ou, peut-être, les cheveux que je me suis fait couper ? Et si je me fais amputer d'une jambe, lequel des deux morceaux suis-je, la jambe ou le reste ? Plus encore, si grâce aux progrès de la médecine je me fais greffer un cœur, un foie, des poumons, si de surcroît j'ai des reins artificiels, qui suis-je alors ? L'individu non divisé, lui, se considère justement à la façon d'un Frankenstein comme la somme de ses « parties-appartenances » ; l'individu divisé, pour sa part, n'a d'unité que comme « toujours dans le devenir ».

On pourrait penser, par exemple, que ce qui nous identifie le mieux serait notre visage et c'est en tout cas par le biais des photos dites d'identité que nous avons coutume, dans nos sociétés, d'identifier les gens. Pourtant, il est toujours drôle et instructif, en consultant les fichiers anthropométriques d'une police quelconque, de constater le nombre de fois où « notre visage » a déjà été porté par d'autres personnes. On sera surpris de s'apercevoir que ce visage que nous pensions si singulier, si particulier, si..., a déjà été abondamment porté et qu'il n'est, finalement, qu'un « visage d'occasion ». Tout milite donc contre le narcissisme de l'individu non divisé, tout sauf l'ordre de notre société capitaliste, qui se fonde précisément sur cette conception de l'individu prétendu autonome.

L'individu divisé, l'être humain situationnel ne s'identifie pas qu'à son corps, il ressemble plutôt à une amibe qui émet des pseudopodes dans tous les sens en réalisant par là une sorte de géométrie variable. Ainsi, au centre de cette amibe multiforme, on pourrait situer le corps de la personne ; dans une de ses extensions, ses enfants ; ailleurs, ses amis ; ailleurs encore, ses œuvres et réalisations ; plusieurs pseudopodes seront aussi émis à chaque fois qu'elle composera des liens avec d'autres personnes et d'autres groupes, et ainsi de suite, sans oublier le pseudopode de l'amour et le fait qu'entre toutes ses extensions se compose aussi un tissu complexe de rapports et de créations.

C'est pour cela qu'il arrive très souvent que, par rapport à ce qu'une personne a produit dans sa vie, les gens se relationnant avec ses productions en viennent à ne plus savoir si quelque part dans cette amibe rhizomique un corps est toujours vivant ou pas. Dit d'une autre façon, quand la vie ne se réduit pas à la survie, la vie d'un homme n'est nullement réductible aux processus physiologiques de son corps ou de parties de son corps. C'est pourquoi le capitalisme est opposé à la vie, car ce que l'on nomme l' « impératif économique » détruit systématiquement tous les rapports, décompose tous les liens, et tend à réduire une masse de plus en plus importante d'êtres humains à identifier leur vie avec la survie de leur corps. C'est pourquoi aussi il est inacceptable que quelqu'un justifie le fait d'avoir collaboré avec un gouvernement fasciste ou avec une dictature quelconque sous prétexte qu'on l'avait menacé de mort. Non qu'il s'agisse d'imposer à quiconque d'être un « héros », mais parce que nous sommes toujours en droit d'exiger que la vie soit investissement, composition de rapports, c'est-à-dire que la vie au sens plein soit toujours plus importante que la vie biologique de chacun de nous.

Les Indiens d'Amérique disaient et disent encore à ceux qui les oppriment et les exterminent : « Nous sommes invincibles parce que nous sommes déjà morts. » Pour l'individu non divisé, l'individu du capitalisme, un tel énoncé reste incompréhensible, mais ce que disent ces Indiens, c'est que ce n'est pas au nom de la survie individuelle qu'on les fera renoncer à ce qui pour eux constitue la vie dans un sens situationnel. Face au chantage, face à la menace de mort, la réponse est donc claire : la vie, c'est la terre, les montagnes, les animaux, la culture, les enfants, les miens comme ceux des autres, etc. N'importe quel artiste peut aussi comprendre une telle position d'individu divisé. Si l'on déclare à un artiste qu'il risque sa vie s'il continue à créer, ce message lui semblera tout à fait paradoxal, car sa vie réside dans ses pseudopodes, dans ses créations, et il n'acceptera pas de se suicider à la vie pour protéger et conserver une toute petite survie. C'est aussi la réponse de Socrate à ceux qui lui proposaient d'échapper à son destin au prix de ne plus être le maître de la sagesse.

Dans le cas de l'homme-pseudopodes, de l'homme situationnel, les principes, la terre, l'être aimé, les œuvres pour lesquelles il peut éventuellement sacrifier sa survie physiologique, etc., font partie de la multiplicité dont il fait lui-même partie. Si l'on voit cela du point de vue de ce que l'on nomme l' « instinct de survie », il s'agit de constater que cet instinct-là ne recouvre pas seulement de façon unidimensionnelle la survie du corps, mais investit aussi nos œuvres, les êtres aimés et les principes qui les constituent. Ainsi, nous pouvons, à l'instar non seulement de Socrate, mais aussi de milliers de personnes de par le monde, accepter des sacrifices pouvant aller jusqu'à la mort au nom, paradoxalement, de l'instinct de survie.

Si nous voulions, à l'aide d'une métaphore, proposer un parallèle correspondant à l'opposition individu indivisible-individu divisé, nous pourrions dire que le premier fonctionne comme ces animaux qui possèdent un « exosquelette » dans le sens où ils sont toujours ordonnés par l'extérieur. Ils peuvent être nuls ou brillants, lâches ou courageux, mais le sens de leurs actes sera toujours donné par un pur extérieur : fait paradoxal et belle ironie, car l'individu non divisé ne cesse de s'affirmer hautement autonome. En revanche, l'individu divisé serait assimilable aux animaux qui possèdent un « endo-squelette », c'est-à-dire que le fait d'assumer sa réalité de multiple lui permet à la fois de reconnaître ce qui, au plus profond de lui-même, le renvoie au monde, à la situation.

Sujet et désir

Force est de reconnaître qu'il existe dans notre culture une critique de l'idéologie de l'individu/moi qui a eu, pendant longtemps, le vent en poupe. Il s'agit de l'idéologie du sujet, héritière appauvrie de la philosophie du sujet. Le sujet était en effet conçu comme ce personnage qui, bien que dans l'après-coup, pouvait donner un sens au monde en devenant sujet de l'énonciation. Sujet et langue vont ainsi indissolublement liés, car le sujet est celui qui, à un moment donné, peut dire « je » ; c'est celui qui peut établir un « point de capiton » en coupant par là le flux métonymique. Dans cette conception, l'individu/moi restait du côté de l'aliénation, du côté d'une envie normalisée, d'un souci aliéné et ordonné par la culture, tandis que chez le « sujet du désir » on soupçonnait un certain niveau de désaliénation, un certain degré de liberté.

Pourtant, le fondement de l'idéologie du sujet ne déborde en rien le socle de l'idéologie de l'individu. Elle en est tout au plus une version plus sophistiquée, à l'usage européen peut-être. Le sujet est, à l'instar de l'individu, toujours incomplet, toujours séparé de ce que, à tort ou à raison, on identifie comme l'objet. Le sujet, parce que sujet parlant, « parlêtre », est exilé à jamais et par décret du monde qui l'entoure. L'étant qui parle est par là même celui qui fonde son désir sur un manque structural, sur une faille originelle. L'homme désire parce qu'il est incomplet. Là-dessus, l'idéologie du sujet/individu reste tout à fait prisonnière du dispositif biblique du péché originel. Le sujet du manque, sujet du désir, ne peut ainsi échapper à l'alternative : téléologie ou nihilisme. Dans les deux cas, nous sommes dans une vision éminemment anthropocentrique, et le présent, ce qui, tout compte fait, est le réel immédiat de la vie, est entaché d'une faille qui fait que nous ne pouvons vivre que dans la dynamique de l'attente.

Si l'on conçoit le désir comme étant d'origine endogène, s'il surgit sans liaison aucune avec le monde de chaque individu isolé, il est condamné à la frustration permanente, car le manque n'est pas, dans cette vision duelle, à combler. Pour le sujet individuel, le désir renvoie à une question sans réponse possible : pourquoi je désire ? Quelle est cette complétude que j'ignore ? Le désir apparaît ainsi comme un inévitable travail de Sisyphe. Mais, dans un tel dispositif, ce qui est tacitement sauvé et à la fois réaffirmé, c'est le caractère séparé de la réalité de l'individu par rapport au monde.

Pour Spinoza, il existe une dimension, justement celle de l'individu, dans laquelle nous ne désirons pas une chose parce qu'elle est bonne, mais où, au contraire, une chose nous apparaît bonne parce que nous la désirons. Autrement dit, nous pouvons aimer ou détester à peu près n'importe quoi, et, qui plus est, on peut pour les mêmes raisons aimer ou détester la même chose ou la même personne. Mais il existe une autre dimension, celle que Spinoza nomme l' « amour intellectuel de Dieu », dans laquelle le désir ne s'inscrit plus dans cette dynamique imaginaire du dispositif sujet du désir-objet désiré. Dans cette autre dimension, le désir est toujours désir du monde. Nous désirons le monde, et à la fois le monde se désire à travers nous. Ainsi, en abandonnant l'aporie individualiste d'un désir « endogène », nous pouvons concevoir le désir comme ce mouvement de l'être qui enveloppe les différents étants.

Le dispositif manque-désir ne relève pas pour autant d'une illusion. Simplement, il correspond à un niveau partiel de la réalité, à la conception que nous pouvons nous faire du désir depuis la vérité de perspective que constitue l'individu. Si, à l'opposé, nous concevons le désir comme étant le nom de la puissance qui anime chaque situation, nous pouvons comprendre qu'il est ontologiquement différent de l'envie, car, si nous pouvons avoir envie de n'importe quelle chose, le désir puise ses racines dans le plus profond de l'être de la situation. Si le désir est toujours désir de se maintenir et de se développer dans son *conatus* (son mode d'être), nous comprenons ce que Plotin énonce dans les *Ennéades*, à savoir que nous ne pouvons désirer que le bien. Le bien signifiant tout simplement et au-delà de tout idéalisme que « l'être soit ».

Il est vrai que, depuis la vérité de perspective qui fonde l'individu, nous pouvons concevoir la séparation comme une réalité : nous pouvons énoncer, éprouver, avoir l'expérience qu'il y a moi et le monde. Rien ne nous empêche cependant de comprendre, et pas uniquement rationnellement, que ce que nous nommons notre désir soit quelque chose qui relève d'une dynamique à laquelle nous participons en tant que pli. Le désir est ainsi une périphrase qui permet de nommer l'activité, la puissance de l'être lui-même. Chaque mode de l'être, chaque pli existe comme un mode de cette puissance. Rien n'empêche d'accepter aussi que chaque pli vivra à son tour cette puissance comme étant d'origine endogène. Nulle illusion ou erreur là-dedans : simplement, quand nous parlons de « notre désir », nous procédons à une inversion qui consiste à imaginer un sujet prédésirant et un désir qui surgirait de lui. La raison et l'expérience nous permettent de faire cohabiter avec cette sensation première la certitude que le prétendu sujet n'est au contraire qu'un avatar de la puissance. En d'autres termes, il n'y a pas à vrai dire de sujet désirant, il y a plutôt des sujets en tant que modes, avatars, du désir.

Dans cette dimension-là du désir, celui-ci ne puise pas sa force dans une faille ou un manque quelconque. Au contraire, dans la pensée situationnelle du désir, ce qui est est dans une plénitude sans faille. Nous retrouvons là la différence entre point de vue et sujet telle qu'on l'a présentée précédemment. Si nous nommons « point de vue » une dimension de la réalité, le processus, toujours sans sujet, de création d'une réalité, le sujet est inclus dans ce point de vue-là, car ce dernier n'est ni psychologique ni relatif. Le point de vue est l'agencement d'une multiplicité de vérités de perspective qui détermine une situation. Si le réalisme vulgaire considère que ce qui existe, ce qui est perçu, l'est une fois pour toutes dans le sens où la seule vérité est la réalité, face à lui, le subjectivisme idéaliste considérera de façon symétrique que tout n'est question que de récit, de subjectivité. Comme le voulait Berkeley, l'être serait pour le subjectivisme sous condition de la perception, c'est pourquoi l'histoire garde le souvenir du fait qu'il n'a jamais pu affirmer s'il avait des fesses ou pas.

Pour notre part, nous disons que la réalité, le point de vue est la constitution de niveaux et de dimensions de l'être dans lesquels perçu et percevant sont inclus. Chaque point de vue dépend d'un principe qui n'est qu'à constater et non point à déplier ou démontrer : la réalité existe en tant que périphrase d'une phrase qui n'existe pas. Les niveaux de réalité ne sont ainsi pas des récits arbitraires, ils existent comme activités de création, car les « périphrases » ne sont périphrases que du principe de l'activité en tant que puissance et exigence. La réalité existe ainsi sous condition d'une exigence. Pour que ce qui est soit, il faut que l'activité de l'étant ne cesse pas dans sa coïncidence avec l'essence.

5

Théorie de la situation

Il n'y a pas de « situation universelle »

Afin d'esquisser ce que nous nommons une « théorie de la situation », il nous faut commencer par poser un certain nombre d'éléments concourant à définir le concept de « situation », que nous développerons, articulerons et enrichirons par la suite.

Nous appelons « situation » un multiple convergent (consistant). Une situation est un mode d'être et par conséquent une dimension de la réalité, un niveau d'organisation. Elle est ainsi pensable comme ce qui échappe (par accident ?) au chaos, à l'infini, et qui existe comme pure production de la finitude qu'elle fonde. C'est pour cela que la première chose qui nous vient à l'esprit lorsque nous pensons la situation, c'est le fait qu'il ne peut pas exister de « situation universelle », que la situation est toujours concrète et que les situations sont multiples, que chacune d'entre elles existe sous condition d'une certaine « incomplétude ». Cette incomplétude ne signifie pas « défaut » ou manque, au contraire : une situation, un niveau d'organisation, une dimension de la réalité existe toujours en tant que plénitude totale. L'incomplétude vient du fait que le tout de la substance, le tout infini évoque ce que Platon assimilait au chaos. Pour Platon, en effet, il n'y a pas de « monde » sensible, dans le sens d'une totalité complète et consistante qui nous serait donnée une fois pour toutes ; il existe seulement des « perspectives », des points de vue, qui ne dépendent en rien d'un sujet, d'une subjectivité, mais à l'inverse, comme nous l'avons dit, tout sujet (toute subjectivité) est inclus, existe au sein même de ce « point de vue ». Cette perspective, cette dimension de l'existence obtient sa consistance de ce qu'il appelle les « idées réalisatrices », car si elles n'étaient pas présentes en nous comme en toute chose, nous ne pourrions pas même avoir accès à une connaissance de type empirique et les choses seraient pur chaos. Ces « idées réalisatrices » n'établissent pas à leur tour une détermination saturée de l'être, elles nous indiquent seulement que celui-ci n'est pas sans lois.

Ici, nous pouvons comprendre le concept d'« idée » comme la production d'une consistance, c'est-à-dire d'un fragment de finitude qui existe comme « accident du chaos », accident de l'infini. Autrement dit, « idée » est à comprendre plus comme mécanisme constituant que comme un contenu. Par ailleurs, ce « chaos » n'est pas autre chose que le projet impossible d'obtenir une situation, que nous appellerions « universelle », qui serait la somme complète et totale de toutes les situations possibles et existantes. L'être n'est en effet donné qu'au travers de ses multiples modes, des multiples situations.

Une situation est donc ce qui apparaît comme un multiple convergent, c'est-à-dire un multiple qui existe comme pure production, pure activité. L'être est alors à penser, comme nous l'avons dit, à la manière des néoplatoniciens et selon la formule de Damascius, en tant qu'il est « activité de l'étant, qui coïncide avec l'essence ». Si bien que nous ne pouvons pas penser la situation en termes « taxinomiques », en termes de description de ce qu'elle est, car une situation signifie toujours production de ce qu'elle est. Ce qui d'une situation apparaît comme comptable, comme descriptible, n'est pensable que dans sa relation de dépendance avec le point de production de cet étant, qui n'est autre chose que l'activité même de l'étant.

L'être est absolument indéterminé, donc agir absolu, c'est pourquoi la situation n'est pas à comprendre comme la représentation, l'illusion par rapport à un autre niveau, à une autre dimension, qui nous serait inaccessible et qui serait une dimension ou une chose « en soi ». Il n'y a pas de différence possible entre l'agir et l'étant qui agit ; l'étant est la première détermination, donc la première limitation, de l'agir. Or, l'agir n'existe pas en dehors de l'étant, et, pour autant, ne s'identifie pas avec lui. On ne peut donc pas évoquer un « agir pur », puisque cet agir est la puissance comme extension de la substance, qui, comme l'expose Spinoza, n'existe qu'au travers de ses modes.

En ce sens, chaque situation existe en tant qu'elle se fonde sur l'interruption accidentelle du chaos, de l'infini, mais en même temps, comme la substance chez Spinoza, cette dernière existe tout entière et indivise dans chaque mode et n'est donc pas à penser comme une matière première, sorte de magma préexistant, à partir duquel se créeraient des modes différents. Nous appelons « substance » ce principe ontologique de production de la situation, de production et d'organisation de la réalité.

Pour comprendre ce principe, qui de toute façon ne peut être évoqué que par ses productions – puisqu'il est l'« ineffable », comme le dit Damascius –, nous pouvons faire référence à ce qu'évoque Leibniz comme « principe de raison suffisante », à savoir que tout multiple non contradictoire tend à exister : l'existence d'une situation comme niveau de réalité se fonde sur une « tendance », sur une puissance, sur un « élan ». Ce principe n'est pas à son tour un principe existant au sein d'une chaîne de causalités : il est concrètement le principe d'auto-affirmation de l'existence.

Ce principe existe ainsi à l'origine de la procession et en chaque point de celle-ci. En ce sens, une situation est à penser dans sa multidimensionnalité présente comme pure constatation de son existence, en abandonnant la prétention métaphysique d'établir rationnellement le « principe du principe », ou l'origine du fondement de son existence. Chercher ce « principe du principe » en un point au-delà de cette « origine-devenir » permanente (présent pur qui comprend le passé et le futur) nous condamne au néant. L'essence du principe d'existence n'est pas un principe, c'est, pour ainsi dire, une pure tendance en acte.

Situation et existence impliquent donc une tension sans solution ; le principe est transcendant mais d'une transcendance qui n'est concevable que dans l'immanence, dans l'ici et maintenant. La situation n'est pas un « mode » de l'existence, c'est la condition fondatrice de tout mode d'existence. Comme l'explique Jean Trouillard dans *L'Un et l'Âme selon Proclos* : « La transcendance néoplatonicienne n'est pas une absence, mais un excès de présence, puisqu'elle est pour chaque esprit son foyer intérieur de libération. Elle est moins une fin qu'un point de départ, moins un terme supérieur qu'un état antérieur, jamais participé, toujours communiqué. Elle ne nous est extérieure que dans la mesure où nous sommes extérieurs à nous-mêmes [1]. »

Penser la situation, ou penser en terme de situation, signifie ainsi penser en terme de réalité concrète en cherchant la ligne, la zone de production de cette situation et non une supposée origine pure qui justifierait l'existence depuis un extérieur métaphysique. Le principe d'auto-affirmation est un principe de différence, de distinction, non la différence entre une chose et une autre, mais le fait même qu'une différenciation apparaisse. Comme l'écrit Damascius : « Entre le silence et la parole, il y a le désir de s'exprimer et l'effervescence intérieure qui accompagne le désir. Entre l'indis-

1. Jean TROUILLARD, *L'Un et l'Âme selon Proclos*, Les Belles Lettres, Paris, 1972, p. 5.

tinct et le distinct, il y a le moment où la distinction est en train de s'opérer, ce moment intermédiaire, Proclus l'appelle la vie [2]. »

Un exemple de cette différence qui surgit non entre deux choses, mais en tant qu'il y a auto-affirmation de la différence, nous est donné par la « bande de Möbius ». Dans cet objet topologique, il n'y a pas de différence entre un côté et l'autre, entre un bord et l'autre. Pourtant, sur cette bande où n'existent qu'un côté et qu'un bord, si nous inscrivons un point en n'importe quel endroit, une différence va apparaître, ainsi que deux côtés et deux bords, non sur la totalité de la bande mais sur la portion où l'on a inscrit le point. Cet exemple éclaire ce qu'est le surgissement d'un « segment consistant », puisque, dans l'ensemble de la bande, dans sa complétude, on ne peut établir aucune consistance de type A=A, et lorsque, de par une inscription, cette différence, cette consistance apparaît, ce sera au prix de l'abandon de la complétude de la bande. Ainsi, penser en termes situationnels signifie penser cette tendance comme une distinction permanente qui ne s'opère pas à la manière d'un principe des origines que nous pouvons ensuite évoquer comme un fondement dans le passé. Cette distinction comme production est ce qui fonde en permanence la situation.

Par ailleurs, cette « tendance », cette exigence auto-affirmée est ce que nous pouvons reconnaître comme « sens », c'est-à-dire tout sens qui à son tour se fonde ou existe sur un fond radical de non-sens, qui se développe, s'affirme comme singularité dans chaque situation. Il est impossible de concevoir le sens autrement que situationnel, toute tentative de le penser de manière transsituationnelle se perdant dans la complexité croissante qui confine au chaos.

Le sens est situationnel et singulier, ce qui, loin de la discussion sur un éventuel sujet producteur du sens (l'individu ou un groupe), nous renvoie au concept de singularité de Spinoza, qui peut être tantôt individuelle, tantôt collective :

---

2. Damascius, *op. cit.*

« Sous le nom de singularité, je comprends les choses qui sont finies et qui ont une existence limitée. S'il arrive que plusieurs individualités concourent à une action unique, de telle sorte qu'elles soient toutes ensemble la cause d'un effet unique, dans cette mesure, je les considère toutes comme constituant une chose singulière unique [3]. »

Pensée et situation

C'est pour cela que la pensée existe sous condition d'être toujours pensée de et pour la situation, elle n'existe que dans les multiples situations, c'est-à-dire dans les multiples fondations de vie, d'existence. Toute tentative de construire une pensée fondée sur un universel abstrait, c'est-à-dire sur un universel « transsituationnel », revient à condamner la pensée, à y renoncer. Car l'universel existe dans chaque situation en tant qu'universel concret.

Nous ne pouvons de ce fait séparer la pensée de la production (de la vie prise au sens large des néoplatoniciens). C'est pourquoi, comme nous le verrons plus loin, la pensée ne peut être réduite à l'activité réflexive consciente des individus. La pensée existe comme élément fondateur de la situation, les hommes peuvent y participer, comme ils participent à la production de la situation dont ils sont des éléments, mais en aucun cas ils ne sont les sujets producteurs de la situation ou de la pensée qui la fonde. Le seul énoncé qui corresponde à la réalité de la pensée est : dans la situation, il y a de la pensée ; et, plutôt que de dire que les hommes, en tant que personnes, « pensent », tels des sujets autonomes producteurs de la pensée, il serait plus correct d'affirmer qu'ils sont pensés par la pensée. En ce sens, si une situation se définit par sa problématique d'autoproduction, cette problématique peut être identifiée, comme chez Foucault, avec l'« épistémè » de la situation.

3. Baruch SPINOZA, *op. cit.*

L'impératif stoïcien nous pressant d'« abandonner ce que l'on ne peut dominer » s'éclaire à la lumière de cette conception ontologique de la situation, puisque la puissance comme expression de la liberté exige que nous ne tentions pas de dominer un universel abstrait qui toujours nous échappe, et qu'au contraire nous travaillions à comprendre par où passent les lignes de puissance, les lignes de vie qui fondent notre situation. De ce point de vue, l'universel abstrait est ce que nous pouvons identifier et comprendre comme le purement virtuel, le spectaculaire. C'est cette fausse compréhension du monde qui nous éloigne chaque fois davantage de la situation concrète dont nous faisons partie et dont nous sommes les habitants. L'universel abstrait comme pure virtualité, comme simulacre, est ce qui s'oppose à la pensée.

La liberté est situationnelle

Alors, si ce que nous appelons « universel abstrait » ou « situation universelle » n'existe pas en soi, pourquoi donc le critiquer ? Il ne s'agit pas, en réalité, d'une critique intellectuelle ni d'un éventuel « désaccord », il s'agit simplement d'exprimer ce qui est l'être de chaque situation, c'est-à-dire l'exigence, l'existence qui s'oppose à sa propre disparition.

Une société fondée entièrement sur la virtualité, la société dite du spectacle, n'existe pas « en soi ». Autrement dit, nous ne nous trouvons pas face à l'alternative : ou bien le situationnel et multiple, ou bien la situation universelle virtuelle (la « globalisation ») comme « multiple pur ». En réalité, le devenir virtuel de la vie n'est pas un devenir différent de la vie (une manière différente mais qui serait possible), c'est au contraire simplement une diminution de la vie, de l'existant jusqu'à son éventuelle disparition totale. C'est pour cela qu'en réalité, au sein de chaque situation, les hommes ne choisissent pas de par leur « libre arbitre » de s'engager ou non du côté de la liberté, de la vie ; la position de chaque homme par rapport à sa situation est « existentielle » dans le sens où soit nous sommes et nous produisons du côté de la vie, du développement de l'existence, soit nous nous plaçons sur la pente qui mène la situation (et nous-mêmes en tant qu'éléments de celle-ci) vers le néant.

C'est pourquoi les Anciens disaient que le « méchant » homme était toujours puni. Cela pourrait paraître paradoxal si nous ne prenions en compte que de manière partielle la biographie d'un individu. De ce point de vue, l'homme « méchant » a pu mourir de vieillesse dans le luxe et l'attention (ce qui est très souvent le cas). Mais les Anciens parlaient d'un homme intégral qui ne cadre pas avec la vision unidimensionnelle de l'individu de la modernité ou de la postmodernité. Du point de vue de l'« homme intégral », c'est-à-dire d'un homme qui est habitant et partie de la situation, le mal qu'il fait et qui réduit la puissance de la situation affecte le « méchant » en tant qu'il est, bien que malgré lui, une partie de la situation qu'il attaque.

La différence est, de ce point de vue, énorme, puisque, si en situation l'homme existe comme multiple parmi d'autres multiples, c'est en situation que la liberté se joue, qu'elle existe comme principe d'auto-affirmation de la vie. C'est donc en situation que les hommes peuvent être créateurs de vie et de liberté en tant que parties de la situation. C'est pourquoi le concept de « liberté situationnelle », propre à un homme intégral, s'oppose au concept de « libre arbitre ». Dans la pensée du libre arbitre, les choses se passent comme si un être isolé du monde, vivant dans une « apesanteur éthérée », devait décider de l'attitude à adopter par rapport à une situation qui lui serait extérieure. Par le biais de son opinion, de ses goûts et de ses caprices, cet homme pourrait se diriger dans le sens de la vie ou choisir au contraire le chemin de la destruction. Or cette fiction du « libre arbitre » part d'une illusion fallacieuse, celle de la conception imaginaire d'un être détaché de tout et regardant « face à face » le monde comme un universel abstrait. Dans cette vision, les hommes se situent dans une fausse réalité, virtuelle et imaginaire, où chaque homme existe comme un individu sérialisé face à un monde global, qui, en devenant non seulement complexe mais aussi chaotique (puisque aucune consistance ne peut être dégagée), réduit inévitablement l'être humain à l'impuissance totale. Car, finalement, l'homme dudit « libre arbitre » n'est autre que ce sujet de sa propre impuissance.

Les hommes ne sont pas libres parce qu'ils peuvent regarder depuis l'extérieur une situation et éventuellement décider, « dominer » leur devenir. Au contraire, l'homme aura quelque chose à voir avec la liberté dans la mesure où il pourra se penser comme terme, comme élément de chaque situation qu'il habite, faute de quoi il tombera sous le coup de la description de Spinoza, pour lequel les hommes se sentent libres parce qu'ils ignorent leurs déterminations, leurs chaînes.

Les éléments de la situation

Nous pouvons dire qu'un élément d'une situation lui « appartient » lorsque cet élément est présent au sein de la situation. On peut aussi parler d'une « partie » de la situation : nous dirons que l'élément qui fait partie de la situation, qui y est inclus, est représenté par celle-ci. Ce qui existe, sous ses multiples et différents modes d'existence, existe ainsi en situation. Exister, c'est penser, explorer, habiter ou créer, expérimenter, connaître une situation. Une situation n'est ainsi pas une simple « collection », un pur multiple comme nous le disions.

Ledit phénomène humain est de la sorte situationnel de tout point de vue, mais, en même temps, la situation, multiple convergent, est concevable comme partialité : tout dans la situation témoigne de son caractère de multiple parmi des multiples. Si une situation est un multiple convergent, c'est parce qu'une situation comme multiple pur ne peut exister. En effet, on ne peut penser un « multiple pur », un multiple formé par pure agrégation, ou, si nous pouvons l'imaginer, ce serait seulement une tendance au sein de chaque situation à se désagréger, à perdre la puissance qui fonde sa singularité, c'est-à-dire à perdre des dimensions de son existence. Toute évocation d'un multiple divergent « en puissance » est simplement l'hypothèse d'un passé qui ne se réalise que dans le présent, c'est-à-dire qu'il n'existe pas avant le *clinamen*, la « déclinaison [4] » ; ils naissent de la même coupure et ce *clinamen* est à son tour l'essence de la situation créée, dans la mesure où cet élément convergent est ce qui donne l'être à la situation comme production de celle-ci.

Une situation existe, comme nous le disions plus haut, sous la forme d'un accident de l'infini. Le fini est ainsi pensable comme un accident de l'infini, mais il n'est pas un fini saturé, au contraire. Chaque situation est, en son intérieur comme en son extérieur, infinie. De sorte que la situation est nommable, explorable uniquement si nous la concevons comme un « transfini » ; autrement dit, l'infini « intérieur » à la situation sera un infini réel, à la différence de l'infini extérieur, qui sera potentiel et virtuel. C'est ce que nous verrons au chapitre suivant avec l'exemple d'Achille et de la tortue.

« Le fini ou le singulier s'ajoute donc à l'infini, s'y annexe en quelque sorte, et exige que l'infini sorte de lui-même pour le produire », comme l'explique Damascius. Deleuze présente cette dynamique dans la différence : « On dirait que le fond monte à la surface sans cesser d'être fond. La différence est cet état de la détermination comme dis-

4. Épicure concevait la création comme l'accident qui fait que la « pluie parallèle d'atomes » cristallise en un point donné dû à la « déviation », à la « déclinaison » (*clinamen*) d'un atome dans cette chute.

tinction unilatérale [5]. » Le principe à partir duquel dérive la procession n'est dépendant ni d'un sujet ni des éventuelles « enquêtes » d'un sujet. Tout sujet intra-situationnel est au contraire engendré dans et par ce principe. Mais cette « sortie de soi-même » n'est pas à penser comme la formation d'une instance finie en quelque sorte métaphysique. Au contraire, « tout être particulier, comme tel, se définit par un excès [6] ». Cet excès est ce qui, dans l'essence même de chaque situation, nous renvoie à l'infini réel, en acte, qui la constitue.

La question fondamentale qui sépare ces deux concepts de l'infini, c'est que l'infini réel (transfini) détermine un être qui n'existe pas ou ne se définit pas comme un être simplement « par agrégation » (comptable et définissable parce que représenté dans la situation). Au contraire, pour l'habitant d'une situation, ce qui existe se présente au premier abord comme fini et saturé, comme une superficie lisse. Comme le dit Novalis : « Nous cherchons partout l'absolu, l'inconditionné, mais nous trouvons toujours des choses [7]... » À quoi Schelling répond, comme dans un effort de symétrie, qu'avec l'infini il se passe la même chose : « Ainsi l'absolu est achevé, fermé en soi, sans fissure pour introduire l'être fini [8]... »

L'infini n'est donc pas pensable ni le fini possible sans que nous les abordions à l'aide du concept de multiple unifié ou, en faisant appel à une terminologie empruntée à la logique, à l'aide des transfinis. Ceux-ci nous permettent de penser le fini que nous avons devant nous comme étant fondé par un infini, et l'infini de l'absolu comme étant concevable uniquement par les failles de ce dernier, qui, sans être réellement et définitivement finies, établissent au moins un infini comptable, une consistance, qui se présente

5. Gilles DELEUZE, *Différence et Répétition*, PUF, Paris, 1969.

6. *Ibid.*

7. NOVALIS, *Disciples à Saïs*, Gallimard, coll. « Poésie », Paris, 1963.

8. Friedrich Wilhelm Joseph VON SCHELLING, *Œuvres métaphysiques (1805-1821)*, Gallimard, Paris, 1980.

en situation comme une exigence, comme une tendance, véritable essence de la situation. Mais cette essence est donnée dans chaque situation non comme une suture, non comme mode d'être stable et définitif, mais comme exigence qui établit une véritable « nécessité d'activité ». Le tout est ainsi dans chacune des parties, sous un mode particulier en tant que singularité.

Un exemple clair de ce que cela signifie nous est tout simplement donné par la vie, le phénomène de la vie. Nous ne pouvons en effet pas dire que la vie soit la somme totale de tous les êtres vivants sans reconnaître préalablement qu'en réalité la vie est ce qui existe (comme un tout) dans chacune des cellules et micro-organismes qui constituent un corps plus grand et plus complexe. Comme l'explique Damascius dans son *Parménide* : « Chaque être existe en ce qu'il est un tout et s'il demeure toujours un tout, il existe toujours et il est toujours un tout, parce que le tout participe de l'éternité ; une partie en tant que partie n'existe pas mais sans le tout elle est détruite. Ainsi donc, la dispersion est la privation de la totalité, et, en l'absence de la totalité, la participation à l'éternité disparaîtra aussi. C'est exactement comme si on disait que le tout et le vivant sont la même chose [9]. »

Ces « touts » sont à comprendre dans le sens de la monade de Leibniz, sans que toutefois nous puissions identifier la situation avec le concept leibnizien. La situation correspondrait plutôt, au sein du dispositif leibnizien, à un organisme, dans la mesure où l'organisme est formé par un groupe de monades subordonnées à une monade dominante (multiple convergent). Les « lignes de fuite » d'une situation, ses points de puissance apparaissent alors pour son habitant non comme un signal clair et sans équivoque, mais sous la forme d'une « zone de turbulence » qui identifie cette monade ou groupe de monades dominantes garantissant la convergence de la situation. Ce

9. DAMASCIUS, *Commentaires sur le Parménide*, Les Belles Lettres, Paris, 1977, p. 29.

« tout », qui est condition d'existence, est donc puissance de la situation, zone d'autoproduction de celle-ci.

La potentialité de la situation n'est pas à comprendre dans le sens aristotélicien d'un futur nécessaire, mais comme avenir, en tant que l'avenir est un mode du présent. Comme l'écrit Whitehead : « L'immanence de Dieu dans le monde au regard de sa nature primordiale est une impulsion vers le futur, fondée sur un appétit dans le présent. L'appétition est d'emblée l'évaluation conceptuelle d'un sentir physique immédiat, combinée avec le besoin de réaliser le donné préhendé conceptuellement. Par exemple, la “ soif ” est un sentir physique immédiat associé à la préhension conceptuelle de son apaisement [10]. »

Pensée et conscience

Ainsi, savoir, penser, explorer sont des éléments, des activités de la situation, et cela sans que nous puissions faire la différence entre ce qui serait de l'ordre du phénomène humain et ce qui serait de l'ordre d'un monde en soi, existant indépendamment de la situation. Cela ne fonde pas la situation comme phénomène anthropocentrique, au contraire : l'homme participe en tant que multiple à la situation, et la conscience que les hommes peuvent avoir de celle-ci est à son tour un élément (de surface) de la situation. Comme le dit Whitehead : « Les opérations mentales ne mettent pas forcément en jeu la conscience [11]. »

La pensée, qui, en tant que processus complexe, dépasse largement les étroites limites de la conscience humaine, existe ainsi en situation comme élément, comme

10. Alfred North Whitehead, *Procès et Réalité. Essai de cosmologie*, Gallimard, Paris, 1995, p. 87.

11. *Ibid.*, p. 163.

processus de la situation, comme mise en place et résolution de problèmes successifs. De sorte que, comme nous le disions plus haut, nous pouvons dire que, au lieu de définir un « je » comme sujet pensant, la pensée existe dans la situation de telle façon que la seule chose que nous puissions énoncer est qu'il y a de la pensée comme condition et élément de la situation, en tant que niveau d'organisation de celle-ci.

Il existe ainsi une production de pensée « théorique » ou consciente (les deux n'étant pas synonymes, bien entendu), mais il existe aussi une autre combinatoire de la pensée de la situation qui n'est ni théorique ni consciente : c'est la pensée « pratique ». Pratique et théorie constituent ainsi deux combinatoires indépendantes, qui peuvent, dans le meilleur des cas, se réalimenter l'une l'autre, mais sans qu'aucune des deux ne soit l'*Aufhebung* de l'autre.

Un joueur de ping-pong, par exemple, effectue en l'espace de quelques secondes une série de calculs mathématiques, géométriques et physiques qui ne sont ni conscients ni théoriques. Le joueur en question peut par ailleurs tout ignorer des sciences exactes. De même, un animal qui se prépare à sauter du toit d'une maison réalise lui aussi une série de calculs qu'il serait (en principe) incapable de traduire en langage logique mathématique. Résoudre des problèmes, comme processus d'autodéveloppement de la situation, n'implique en rien la nécessité d'une volonté consciente de cette résolution. Les mains de l'artisan pensent en lien avec le matériau qu'il travaille, comme aussi les rencontres hasardeuses de combinatoires indépendantes doivent permettre de développer une activité qui dépasse les obstacles. La pensée est donc un élément, une activité propre de la situation à laquelle l'homme participe, sans que pour autant nous puissions nous situer comme sujets producteurs d'un phénomène qui, par essence, nous dépasse largement.

Situation et manque

Ce que nous nommons le virtuel appartient à la situation, sans être inclus dans celle-ci ; en d'autres termes, le multiple virtuel (divergence) est présent mais non représenté par la situation, non à cause d'une déficience de la représentation, ni non plus simplement de par un effet symbolique ou une faille dans la possibilité d'énumérer les multiples présents dans chaque situation. Si le virtuel n'est pas représenté dans la situation, c'est parce qu'il existe comme puissance, comme potentialité, c'est-à-dire comme ce qui n'est pas encore, mais qui peut être, comme l'« avenir en tant que mode du présent » (virtualité pure). Ce qui « n'est pas encore » n'implique pas de « privation » et n'expose pas non plus la situation à un manque à être. Au contraire, c'est ce « toujours dans le devenir » qui complète la situation sous la forme d'un processus permanent, non par manque mais par excès.

Il est vrai que les philosophies de la modernité ont élaboré une lecture de ce mécanisme en termes de « manque », de « manque à être », d'incomplétude, mais cette puissance, cette tendance de l'être de la situation existe au contraire en tant qu'excès de celle-ci. Cette présence et cette force s'opposent à l'idéalisme vulgaire qui nous pousse à concevoir qu'après tout ce qui existe n'est pas comme « cela devrait être ». Les philosophies de la modernité restent là prisonnières de leurs prétentions taxinomiques qui tentent de définir ce qu' « un organisme est ou devrait être », à quoi nous opposons ce qu'un organisme, en terme de devenir, peut produire.

Prenons l'exemple d'une personne aveugle : pour les modernes, l'aveugle « manque de vue », tandis que, pour les philosophes néoplatoniciens, la seule question intéressante est : qu'est-ce que cette personne peut faire, elle qui n'est en aucun cas condamnée à désirer ce qui ne fait pas partie de son essence ? Pour les philosophes de la modernité, le désir de l'aveugle (comme tout désir de ce point de vue) naît, comme nous l'avons dit, du manque. Le désir sera ainsi l'expression de l'impuissance, dans la mesure où, bien évidemment, il ne peut jamais se réaliser. Comme le développe Jacques Lacan, si le désir ne peut se réaliser, ce n'est pas parce que ce qui est désiré est particulièrement difficile à obtenir, mais parce que le désir investit de manière « métonymique » un objet qui, même une fois obtenu, ne pourra jamais satisfaire le désir en question. C'est ainsi que l'homme est condamné, d'après ces philosophies, à désirer d'après une sorte d'« erreur sur l'objet ». Philosophies propres aux passions tristes dont l'unique point d'arrivée « non métonymique » serait la mort.

Au contraire, si nous reprenons le même exemple du point de vue des « passions joyeuses », le véritable désir de l'aveugle, non aliéné aux figures majoritaires de la situation ni réduit à l'unique désir de voir, commence lorsque, en explorant et développant les capacités de sa « subjectivité perceptive », il découvre petit à petit que la « non-vue » n'est pas un moins, mais qu'il existe mille et une dimensions et perspectives de perception et donc de conceptualisation, que le modèle dominant, trop dépendant de la vision, ignore et dont il se prive.

Les aveugles, comme dans le cas plus flagrant encore de la culture sourde, nous montrent que, grâce à leur singularité, ils peuvent (sous condition d'une libération) apporter à la société une série de dimensions et de richesses qu'elle ignore. Le désir de l'aveugle passe ainsi par le fait de développer une esthétique propre qui vienne enrichir l'esthétique générale, une spatialité, une temporalité desquelles, pour le moment, les « voyants » sont exclus.

C'est pour cela, encore une fois, que non seulement le désir n'est pas fondé sur un manque, une privation, mais que les envies (pour les différencier des désirs) aliénées ne peuvent en réalité être appelées « désir ». Comme l'énonce

Deleuze : « N'appartient à mon essence que l'affection que j'éprouve ici et maintenant, alors en effet je ne manque de rien [12]. » Dans cette référence spinoziste, on reconnaît justement la problématique de ce qui est éternel et en même temps instantané, ce que, dans l'*Éthique*, Spinoza affirme des essences. En réalité, les essences sont éternelles, mais la participation, l'appartenance à une essence est instantanée.

Le désir est ainsi, dans et pour la situation, une des expressions du principe qui tend à développer la vie et la puissance de chaque situation. Les exemples de ce qui, en situation, peut produire l'application d'une logique ou d'une autre sont nombreux, mais nous ne pouvons pas ne pas penser au cas de la condition féminine si « scientifiquement » définie comme comprenant celles à qui « il manque un pénis ». Pourtant, les femmes, grâce à une inversion de cette dynamique de désir/manque vers un désir/puissance, ont pu commencer à offrir à l'ensemble de la société les richesses qui ne naissent pas d'un éventuel manque structurel féminin, mais d'un excès finalement reconnu et libéré de ce qu'elles peuvent produire et qui enrichit tous les habitants de la situation.

Tout organisme, toute situation est ainsi « complète » ici et maintenant dans le sens de « non manquante ». La puissance et l'activité de l'organisme, loin de se fonder sur un manque structurel, un manque à être, sont l'activité propre de l'être de la situation qui le conduit à se maintenir et à se développer dans son *conatus*, dans son mode d'être. Si la tendance comme puissance et excès de la situation peut être évoquée comme un « non-être », celui-ci est un « non-être » d'indétermination, l'indétermination propre à la substance, ce que Deleuze appelle le « corps sans organes ». Ce non-être est radicalement différent de celui de la privation, du néant. Le premier est origine permanente de l'existence, de la procession, tandis que le second vise à l'élimination de l'existence.

---

12. Gilles DELEUZE, inédit (notes personnelles de l'auteur).

La situation comme organisme

Une situation est un ensemble de conditions qui ne dépendent pas de nous. C'est ce qui est donné par opposition à ce qui est désiré. C'est pour cela que la compréhension de la situation exige que nous la pensions comme un processus, sans sujet ni objet, « superject » comme l'écrit Whitehead, exprimant par le biais de ce néologisme l'idée d'un processus d'auto-affirmation et de développement de la situation à partir du principe, de l'un.

Pour Whitehead, la situation est donc un processus qu'il nomme « entité actuelle ». Elle est formée de différents éléments, différents niveaux d'organisation et de complexité, mais, comme nous l'avons vu, cette « actualisation » de l'un (cette auto-affirmation du principe) n'est pas la somme des parties qui composent l'organisme. Ainsi, en faisant référence à Hume, Whitehead écrit : « Mais le fait est que Hume a découvert qu'une entité actuelle est d'emblée un procès, et qu'elle est atomique ; si bien qu'en aucun sens elle n'est la somme de ses parties. Hume proclame la banqueroute de la morphologie [13]. »

En effet, si la situation comme organisme est un pur processus, sa compréhension ne saurait être morphologique. Whitehead précise que la situation comme organisme est un processus de vie. Cet organisme et sa dynamique, il l'appelle « concrescence » : « La " concrescence " est le procès par lequel l'univers, avec sa pluralité de choses, acquiert une unité individuelle propre. Celle-ci s'obtient en reléguant chacun des éléments de la pluralité à un rôle subordonné dans la constitution de l'unité nouvelle [14]. » Ce processus inclut la pensée comme « processus sans sujet ». Ici, la pensée est ce qui permet de « résoudre des pro-

13. Alfred North WHITEHEAD, *op. cit.*, p. 242.
14. *Ibid.*, p. 344.

blèmes » dans le sens où Bergson disait que « le vivant, c'est ce qui tourne les obstacles en moyens [15] ».

Dans cette « concrescence », la singularité existe comme pure irruption auto-affirmée créant ainsi un niveau d'organisation fini indissociable de l'infini qui subsiste en lui comme puissance et activité le maintenant et le développant dans son mode d'être. Cette « identité actuelle » est auto-arrachée à cette pluralité que Platon appelait le chaos. Mais ce chaos n'est pas à comprendre dans son acception négative. Comme le dit Whitehead : « Le chaos ne doit donc pas être identifié au mal, car l'harmonie exige la coordination convenable du chaos, du flou, de l'étroitesse et de l'ampleur [16]. » La philosophie de Whitehead, philosophie de l'« organisme », expose très clairement le fait que l'unité de la situation n'est pas donnée par un sujet extérieur, abandonnant ainsi la distinction classique entre l'« ontique » et l'« ontologique », puisque toutes les parties et les segments de la situation participent à son devenir auto-affirmé.

Whitehead critique les philosophies modernes du sujet, et en particulier le dispositif kantien : « La philosophie de l'organisme cherche à décrire comment les données objectives se transforment en satisfaction subjective, comment l'ordre qui régit les données objectives fournit l'intensité de la satisfaction subjective. Chez Kant, le monde provient du sujet ; dans la philosophie de l'organisme, le sujet provient du monde-superject plutôt que sujet [17]. » Ce que nous nommons de manière imprécise « monde » est ainsi cette scène où se déroulent les multiples processus d'organismes actuels qui, à leur tour, entrent en relation les uns avec les autres créant par là de nouveaux organismes.

En continuant le cheminement de Whitehead, nous pouvons dire que, justement, la philosophie de l'organisme/situation, renversant la critique kantienne, explique le pro-

---

15. Henri Bergson, cité par Gilles Deleuze, inédit (notes personnelles de l'auteur).
16. Alfred North Whitehead, *op. cit.*
17. *Ibid.*, p. 167.

cès de la connaissance en allant de l'objectivité à la subjectivité. Cette inversion nous permet de penser la question concrète du sujet comme une dynamique purement interne à la situation ; autrement dit, dans la situation constituée, il existe de multiples sujets qui correspondent au développement interne de celle-ci. Ce que l'on nomme « point de vue » est en réalité, comme nous l'avons déjà évoqué, une interaction dont font partie l'observé et l'observant. L'observé, le perçu est ce qui, en situation, fait irruption, qui se donne à observer, qui se développe, ce qui dans un système exige ou existe comme exigence (l'excédent) d'une multiplicité. Comme le dit Whitehead : « Le principe métaphysique ultime est l'avancée vers la conjonction à travers la disjonction [18]. »

C'est pour cela que cette vision « dynamique » du devenir s'oppose à la vision statique kantienne, puisque la « chose en soi » n'est pas ce qui existerait de manière définitive comme inaccessible pour un observateur, mais le nom que nous pouvons donner à cette autoprésentation à laquelle un sujet participe. De sorte que le sujet n'est plus ce qui fait face à un objet, mais « se définit par et comme un mouvement, mouvement de se développer soi-même. Ce qui se développe est sujet [19] ». L'intellect (l'entendement) et l'intelligible font partie du même système, de la même « coupe ». Cette même critique de la division « sujet/objet », nous la trouvons chez Proclus [20]. En réalité, cette interaction entre l'observant et l'observé va plus loin : il s'agit d'une unité, d'un « agir substantiel », ce qui renvoie à la « concrescence » comme auto-affirmation de l'être.

La question que présente Kant part du fait que le sujet de la connaissance ne peut jamais parvenir à une perception de l'unité ; en effet, pour Kant, la perception du monde reste prisonnière d'une multiplicité pure non unifiable autrement

18. *Ibid.*, p. 20.

19. Gilles DELEUZE, inédit (notes personnelles de l'auteur).

20. PROCLUS, *Commentaires sur le Parménide*, Les Belles Lettres, Paris, 1962, p. 110.

que par ce que le sujet peut projeter dans le monde sensible. Ce n'est pas tant, en réalité, cette position de Kant que Whitehead et la philosophie de la situation contestent. Ils pensent simplement qu'il s'agit de commencer l'analyse en « amont ». Le dispositif kantien fonctionne parfaitement, mais dans la mesure où nous acceptons sa présentation de la problématique qui part de la division sujet-objet, extérieur-intérieur. Ce dispositif pourrait peut-être avoir une certaine validité dans ce qui serait une théorie de la connaissance intra-situationnelle, mais, depuis une problématique situationnelle, ce problème n'existe pas, puisque rien ne nous permet de penser un extérieur et un intérieur divisés préalablement. Le « multiple » ne précède donc pas l'unification (ni l'élément qui permet ou motive cette unification), ou plutôt l'unificateur n'a aucune réalité au-delà du multiple qu'il unifie.

En revenant alors à Épicure, nous pouvons dire que le moment précédant le *clinamen* (la déclinaison), celui de la pluie parallèle d'atomes, n'existe pas en soi, il n'existe que comme passé contemporain du moment où l'on peut l'évoquer. C'est un passé qui existe toujours en tant que passé, jamais comme un présent qui a été ou qui aurait été à un moment donné et qu'à un moment postérieur nous évoquerions comme passé. Le multiple divergent, la virtualité pure, cette multiplicité qui oblige Kant à élaborer le concept de « chose en soi », existe toujours sous la forme de « cela fut » et c'est en tant que tel qu'il fonde ce qui peut être en tant que virtualité. Ce « fut » de la virtualité, ce « fut » de l'origine est un « fut » toujours dans le devenir, c'est un « fut » qui existe comme passé toujours dans le présent. C'est pour cela que, bien que l'unificateur (un) précède ontologiquement le multiple qu'il unifie, en même temps et paradoxalement, ce multiple lui est existentiellement contemporain. Ce « un », nous l'identifions donc au virtuel, c'est-à-dire au « tout », non pas le tout qui évoque la somme de la sérialité infinie, mais ce « tout dans la partie ». Le tout n'est pas un ensemble, mais ce qui est ouvert, virtuel : le fil d'Ariane qui parcourt tous les ensembles toujours relativement fermés ou les corps relativement territorialisés.

Ce « tout » existe sans être l'« absolu » (ni en aucun cas la globalisation). Bien plus, nous pourrions dire que le « tout » existe justement sous condition de ne pas prétendre être l'« absolu ». C'est aussi ce que Deleuze présente comme la différence entre ce qui peut exister comme « complet » (universel concret, singularité) en opposition à ce qui serait évocable sous la figure de l'« entier » (universel abstrait, somme de toutes les parties). C'est pour cela que le virtuel, la faille, loin de constituer l'autre, ce qui est étranger à la situation, constituent ce qui, dans sa tension, est défini comme sa puissance. Cela est parfaitement illustré par cette phrase de Damascius : « Ainsi, enveloppante, la totalité est limitée, enveloppée, elle est infinie, et ce qu'il y a en elle d'infini, c'est le toujours [21]. »

La conscience comme écueil

La difficulté pour penser cette dynamique vient de la tendance qu'a la conscience à considérer que chacune des étapes d'un processus conscient est en même temps une totalisation du processus réel. L'expérience vécue par chacun d'entre nous qu'il existe un intérieur et un extérieur n'a donc pas à voir avec la constatation de l'existence d'un sujet humain, mais correspond plutôt à un simple effet de la conscience qui, se prétendant instance de totalisation, analyse le monde comme si c'était son objet, par rapport auquel elle serait extérieure. Or la conscience qui pense la situation, loin de l'englober, fait au contraire partie d'elle, elle n'est ni sa négation ni son *Aufhebung*, c'est une dimension de la situation à laquelle nous appartenons en tant que multiplicité au sein d'une multiplicité.

---

21. Damascius, *Des premiers principes*, *op. cit.*

Une situation est une singularité concrète, c'est tout « fragment-moment » consistant qui s'ordonne et pense depuis et de par l'évocation de la complétude (de la totalisation universelle). Une situation existe ainsi comme une tension permanente, sans solution possible, entre la consistance qui l'ordonne (la représente) et la complétude comme exigence qui met systématiquement en danger cette consistance. Le problème pour la conscience est sa difficulté à cohabiter avec l'inconsistance, avec l'infini. De plus, la conscience comme activité de création d'instances de représentation prend systématiquement les représentations pour le réel. C'est ainsi que, comme nous le verrons au chapitre suivant, au lieu de voir que les dimensions du temps et de l'espace, tout comme elle, existent comme simples mesures du devenir de l'être et que leur existence dépend de ce dernier, la conscience va inverser la pyramide et prendre les mesures pour le réel, concevant le temps et l'espace comme ontologiques.

Damascius, dans son ouvrage *Des premiers principes*, présente cette tension dans laquelle la conscience se meut comme la tension existant entre le simple et l'universel : « Si nous tournons nos regards vers le simple et vers l'un, nous détruisons ce qu'il a d'immense et d'universel, et si nous pensons toutes choses ensemble, nous faisons disparaître l'un et le simple. La cause de cela, c'est que nous sommes divisés et portons nos regards sur des caractères divisés [22]. » Ainsi, il ne s'agit en aucun cas d'établir une « ignorance » inévitable, mais d'accepter que la pensée et la conscience doivent exister au sein de cette contradiction qui, structurellement, empêche une synthèse finale. Cette impossibilité, loin de représenter un drame pour la pensée, est au contraire son essence en tant qu'exigence permanente. Faisons encore une fois appel à Damascius, qui présente cette exigence de la manière suivante : « S'il n'y a pas de connaissance, il y a une exigence. Le premier geste

22. *Ibid.*

de la pensée est de poser le tout. Mais, sitôt qu'elle l'a posé, elle voit que la négation du tout est la condition même de l'affirmation du tout. C'est de toutes les conditions la plus originaire. C'est le premier fondement [23]. »

Point de vue et sujet

Bien que le subjectivisme soit un élément dominant de notre époque de par sa dimension de lucidité, de méfiance envers toute certitude, toute conviction, cette « attitude » est loin de représenter une nouveauté dans l'histoire de la pensée.

Ainsi, le mouvement « sceptique », et en particulier Sextus Empiricus, a développé toute une théorie qui tend en définitive à placer au centre du dispositif épistémologique le sujet de la perception, et plus précisément l'« individu », qui apparaît là, par l'intermédiaire du doute sceptique, comme l'unique critère paradoxal de vérité. L'individu, en tant qu'entité isolée, pense les concepts qui sont produits et les affections qu'il sent, et conclut, face à la « complexité » de ceux-ci, qu'il ne peut que « suspendre son jugement ».

Une telle position, ou plutôt une telle attitude – puisque les sceptiques ne proposent pas tant une théorie que l'exposé des raisons du pourquoi de l'absence de réaction, du pourquoi de la non-décision –, nous semble très intéressante pour analyser l'attitude de nos contemporains, qui, en prétendant tenir compte de la complexité, déclarent que depuis la totalité, depuis la complétude, il est impossible de se prononcer sur un sens concret. C'est qu'en effet, comme l'explique Sextus Empiricus, à chaque argument correspond sans aucun doute un contre-argument au moins aussi valable que le premier.

De sorte que les sceptiques, tout comme les actuels post-modernes qui adhèrent à l'idéologie du « complexe » (qui

23. *Ibid.*

n'a rien à voir avec la pensée de la complexité), ne sont en rien agnostiques, au contraire. Il est selon eux possible de savoir, mais plus on sait, plus on sait qu'il est impossible de tirer jamais aucune conclusion ni de prendre aucune décision. Ainsi, l'illusion du tissu du complexe est tellement fermée, tellement confuse et embrouillée, qu'il est impossible d'établir en aucun point, en aucune ligne, une division, une coupure.

Sextus n'ignore pas ce que, des siècles plus tard, Kant appellera la « chose en soi ». C'est ainsi que, par exemple, il dit qu'à certaines personnes le miel paraît doux, tandis qu'à d'autres, qui souffrent d'une quelconque maladie, le miel paraît amer. Il propose ainsi de « suspendre son jugement » quant au fait de se prononcer sur la douceur ou l'amertume du miel. Il n'est question, explique-t-il, que de l'effet provoqué chez différentes personnes par le miel. Il ne nous dit rien cependant de la manière dont le miel, au-delà de la perception, peut être ou ne pas être. Il existe ainsi une dimension que Kant appellerait le « pour soi » qui se trouve dans un exil irrémédiable par rapport à un « en soi », lequel demeure comme une hypothèse forte mais inaccessible.

Les concepts que nous nous forgeons, tout comme les affects qui façonnent nos perceptions, Sextus les nomme le « conçu » ; depuis cette structuration anthropocentrique, un sujet (individu) central juge l'existence du monde et de ses éventuelles qualités ainsi que des choses qui le composent. De sorte que la situation, le « point de vue » dépend ici entièrement du sujet. Mais la position de Sextus, comme celle de nos contemporains postmodernes, se dissout sans aucun problème lorsque nous procédons à l'inversion ontologique qui consiste à faire dépendre le sujet, comme tout ce qui existe dans une situation, du point de vue, c'est-à-dire en prenant le sujet dans le point de vue, et non l'inverse ; le « conçu » existe dans la dimension de la réalité où existe aussi, en tant qu'un habitant et un élément de plus, le sujet de la perception. L'existence des éléments, des multiples de la situation, ne dépend à aucun moment de la perception ; ce sont les perceptions qui s'inscrivent dans le tissu situationnel et dépendent de lui.

En outre, ce qui existe au sein d'une situation, au sein d'un point de vue, existe de façon plus ou moins intense, ou, dit autrement, les choses qui existent n'existent pas toutes avec la même intensité ni avec la même quantité de puissance. Comme nous le disons dans notre jargon, les étants existent ainsi dans chaque situation avec une plus ou moins grande « x tolérance [24] ». Par exemple, Sextus nous dit qu'il n'est pas possible pour quelqu'un qui délire ou qui souffre d'une maladie de ses organes de la perception de savoir que ce qu'il sent est différent de ce que les autres considèrent comme étant la réalité. C'est donc le règne du subjectivisme total : si une personne « sent » que le feu est froid, et qu'une autre « sent » que le feu brûle, rien ne permet à Sextus de faire la différence, puisque le « critère paradoxal » de vérité sera pour lui, tout simplement, tout comme pour les actuels adorateurs de l'opinion et de l'individu, la subjectivité de chaque personne.

Sextus pourrait sans problème adhérer à la tendance démocratiste actuelle selon laquelle tout est question d'opinion, de majorités, sans qu'aucune vérité ni aucun principe ne vienne ordonner la situation. Après tout, qu'est-ce qui différencie alors un délire d'une « réalité » ? C'est là que réside justement l'une des faiblesses majeures de ces arguments, qui sont somme toute bien sophistiques. Sextus va en effet établir un critère différenciant un délire d'une réalité, donnant ainsi tacitement pour entendu qu'un délire, bien que pouvant être nommé, n'existe pas, au contraire de la réalité, qui seule existe véritablement.

Mais, du point de vue de la pensée de la situation, la question se pose tout autrement. Car le délire existe, de la même

---

24. Pour un développement de ce concept cf. Miguel BENASAYAG, Herman AKDAG, Claude SECROUN, *Peut-on penser le monde ? Hasard et incertitude*, Éditions du Félin, Paris, 1997.

manière que nous pouvons dire que cette table placée devant nous existe. La différence entre la table produit d'une hallucination et la table qui se trouve devant moi sera de l'ordre d'une différence d'« intensité d'existence », de puissance recouverte par le concept ou par le conçu. Dans les deux cas, un niveau d'existence sera « vérifiable » (constatable), mais ils ne seront en rien identiques. Ils ne recouvriront pas, n'envelopperont pas le même niveau ou les mêmes dimensions de réalité. Et ce non depuis la subjectivité de tel ou tel homme, mais du point de vue de la situation.

Dans l'exemple des différences de perception par rapport au feu, d'un point de vue personnel et subjectif, rien évidemment ne nous permet d'établir de manière autoritaire ou arbitraire un ordre, une hiérarchie. Pourtant, une telle constatation, loin de valider une « grande théorie philosophique critique », se résume dans la simple formule que le sens commun énonce : tous les goûts sont dans la nature, ou encore : chacun voit midi à sa porte. Mais d'un point de vue situationnel et non plus subjectif, nous ne pouvons que constater que, même si nous considérons que le feu est froid, il arrivera un moment où nous finirons par nous brûler ; et nous brûlerons tout ce qui nous entoure chaque fois que nous serons tentés de nous « rafraîchir par le feu ». Nous pouvons ainsi considérer que si pour x raisons quelqu'un perçoit le goût du miel comme salé, en situation, rien ne modifiera le fait que c'est bien du glucose qu'il y a dans le miel et non du chlorure de sodium.

En résumé, il ne s'agit pas de dire que ce qui existe pour quelqu'un dans son intime subjectivité « n'existe pas », mais plutôt de définir avec quelle puissance ce qui existe dans la situation existe. Que quelque chose existe avec une plus grande puissance signifie concrètement que cela permet un plus grand degré de « composition », de développement de la situation et de ses dimensions. Dans le cas du délire individuel, le malade délirant trouve ainsi, selon l'importance de son délire, une plus ou moins grande difficulté pour « composer », pour se développer dans la situation. Et même, il pourra se trouver face au danger d'une décomposition de son être comme conséquence de son adhésion à son délire. Au contraire, le concept englobant une plus grande puissance permettra un développement de la personne et de sa situation.

Au sein de cette conception dynamique de la situation, nous dépassons la vision statique de la « vérité » qui, posée de cette manière, est insoluble puisque, comme le dit Sextus, elle nous conduit inévitablement au *diallele*, au cercle vicieux. Dans la théorie de la situation, la vérité pensée comme exigence et devenir permanents aura à voir avec un développement de la situation qui est impensable comme une réalité statique et définitive. Si nous prenons l'exemple du concept de « cercle carré », il ne s'agit pas de dire qu'il n'existe pas : en tant que concept, il existe bien. Mais il existe, pour ainsi dire, avec une intensité, avec une « x tolérance » minime, si minime que « cercle carré » n'existe que comme l'énoncé de ce qui, dans la pratique, ne peut pas exister.

Ainsi, dans la situation, tout existe, mais avec des puissances différentes. Entre une planète inventée dans un délire ou une imagination féconde et la planète Mars, la différence ne réside pas dans le fait que l'une existe et l'autre non ; elles existent toutes deux et sont perçues, enveloppées par des concepts et des perceptions concrètes. La question sera alors de savoir quelle est l'intensité, la « quantité de réalité » impliquée par un concept ou une affection dans une situation déterminée. La différence a donc à voir avec la différence de puissance, la différence de dimensions de réalité que chacun des deux concepts enveloppe au sein de la situation où, comme nous le disions, ils existent tous deux.

Les sceptiques diront au contraire que nous pouvons percevoir les choses qui existent, mais aussi les choses qui n'existent pas. De notre point de vue, les « choses qui n'existent pas » est déjà en lui-même un énoncé qui est incorrect, la question étant plutôt : comment chaque chose existe-t-elle en situation ?, puisque l'existence ne peut être énoncée que comme un caractère de la situation, et jamais comme une qualité ou une possibilité depuis la totalité.

À partir de là, nous pouvons déterminer et identifier ce que nous nommions « simulacre ». Celui-ci ne constitue pas la détermination de quelque chose qui, bien que perceptible ou pensable, ne pourrait pas exister. L'énoncé « cercle carré », par exemple, n'est pas un simulacre ni un concept de ce qui « n'existe pas ». Car un simulacre est toujours une tendance à travers laquelle un énoncé s'impose de force au sein de la dynamique d'une situation ; il existe ainsi comme unique énoncé vrai, en empêchant ou même en détruisant tout autre énoncé possible. Si bien que si nous voulions imposer le fait que « le cercle est carré », il faudrait passer à une position de pouvoir, une position de véritable interdiction de la pensée, de sorte que le seul énoncé pouvant alors exister serait « le cercle est carré », ne laissant place à aucune autre hypothèse possible.

En ce sens, tout simulacre est une tendance qui consiste à établir un « surcodage » faisant de la loi régissant la situation une loi de répression. En bref, un simulacre n'est pas défini par le contenu d'un énoncé ou d'un affect mais par le caractère « dogmatique », saturé de celui-ci dans son fonctionnement au sein de la situation à laquelle il appartient. Ainsi, un énoncé scientifique peut, dans un fonctionnement dogmatique et depuis une position de pouvoir, se transformer en simulacre dans la mesure où il empêche le développement de la pensée et où il sature la situation de force. C'est ce qui se passe avec les savoirs que Foucault nomme « savoirs assujettis », réprimés et invalidés par le savoir scientifique, savoir « noble ».

C'est pour cela que, par exemple, l'énoncé « Il existe des races inférieures » peut exister dans un livre d'histoire relatant une époque concrète lors de laquelle certaines personnes ont soutenu cette position. Dans ce cas, il ne s'agit pas d'un simulacre, puisqu'il existe comme énoncé signifiant quelque chose depuis un point de vue historique et psychopathologique. Mais si, à un moment historique donné, cet énoncé devient dominant, ce sera alors un simulacre dans le sens où il tendra à la décomposition de la puissance d'une situation. En ce sens, un simulacre est une tendance allant dans le sens de l'anéantissement de la situation.

Mais ce qui importe, comme nous le disions, c'est le niveau de puissance que recouvre un concept. En suivant ce raisonnement, nous pouvons dire, par exemple, que le concept et même la perception de Dieu recouvrent des réalités et des contenus, c'est-à-dire des puissances différentes dans les différentes situations. De ce point de vue, Dieu existe plus ou moins selon les différentes situations historiques et culturelles dans lesquelles nous nous plaçons...

Complexité et globalisation

Une situation est une totalité qui n'existe et ne se pense que depuis et par le point de détotalisation, ligne de fuite de celle-ci. Ce point d'être de la situation, ce « x » évoque, dans et pour la situation (présent), ce qui ne peut être inclus dans aucune situation, l'universel, la totalité totalisante comme fin des catégories de temps et d'espace à partir desquelles la situation existe. Cette ligne de fuite évoque donc, dans la situation, l'éternité comme fondement du devenir du temps. Mais ce type d'affirmation apparaît de nos jours comme éloigné de la réalité. C'est que nos contemporains consacrent une quantité incroyable d'efforts à construire des modèles leur permettant de penser le monde comme globalité, comme complétude. Notre époque est en guerre contre le devenir ; en ce sens, elle aspire au néant, dominée qu'elle est par la mort et par une conception de la vie comme simple survie.

Si bien qu'en économie, en politique comme en sociologie, les seules catégories de pensée considérées comme sérieuses sont celles qui semblent capables de rendre compte de la totalisation globale. Ce qui n'empêche pas que, simultanément, nos contemporains ne cessent de parler de la complexité du réel et de constater que ce qu'ils nomment « complexité » n'est pas une simple « complication » tactique, un obstacle sur le chemin, mais que, plus profondément, elle est ce qui nous indique qu'il est impossible de concevoir une pensée qui ne soit pas pensée de et pour une singularité. Autrement dit, la pensée exige, afin de ne pas se noyer dans la complexité, une mise entre parenthèse de la globalité, faute de quoi elle se voit condamnée à l'impuissance. « Suspendre » la complexité ne renvoie pas à une vision simpliste du monde ; c'est tout simplement la condition pour qu'une pensée existe. Reste donc la possibilité de nous demander ce que sont tous ces modèles et tentatives de penser ou de représenter la globalité du monde, quelle est leur qualité ontologique.

La réponse est qu'en réalité ce que l'on appelle globalisation est simplement un élément, une partie d'une situation. Il s'agit là, en quelque sorte, d'une question d'ordre sémantique : il faut comprendre qu'il existe dans certaines situations une partie, une région de celles-ci qui se nomme « globalité ». Cette partie n'est pas une illusion ou un mensonge, mais simplement un élément de la situation qui se transforme en illusion, en instrument de pouvoir, lorsque les habitants de la situation décident de croire ou de prendre à la lettre le nom de cette partie.

Si le devenir et le multiple se pensent et existent toujours à partir de la puissance, la globalité, qui apparaît comme la privation de puissance, s'identifie au « pouvoir ». Le pouvoir est cette volonté de maîtrise, cette cristallisation du refus du devenir. C'est ce que Deleuze présente comme le « surcodage » et qui est parallèlement le point maximum de l'impuissance. Pouvoir et puissance s'affrontent dans chaque situation comme les tendances qui visent la première au contrôle et à l'immobilité de la situation, la seconde à son développement. L'une est état, l'autre acte. Le problème de nos sociétés, c'est qu'elles tendent chaque fois davantage à condamner la puissance comme multiple en devenir et à mettre en avant le pouvoir, qui est présenté comme une attitude « sérieuse » face au monde. La conséquence immédiate est le devenir unidimensionnel, c'est-à-dire pauvre, de la vie.

À ce niveau, il est important d'insister à nouveau sur ce qui différencie l'impossible de l'impuissance, l'impossible étant ce qui permet qu'à partir de lui des possibles existent, alors que l'impuissance est ce qui nous mène au néant et à l'extinction des possibles. Toute tentation toute-puissante d'agir ou de penser en termes non singuliers, en termes de globalité, nous condamne ainsi à la plus pure impuissance. Mais il est vrai qu'à la fois le pouvoir est toujours la gestion des possibles. En ce sens, la tension pouvoir-puissance peut se ramener à « gestion-politique » sans qu'entre elles existe une contradiction antagonique. Le problème apparaît quand l'une des deux prétend dominer l'autre.

C'est ainsi que la tendance dominante des sociétés actuelles est de nier l'activité de la politique, c'est-à-dire de la puissance, et de nous présenter comme unique possibilité la gestion/pouvoir des possibles. Une telle tendance, à trop durer, mène inévitablement les sociétés à leur ruine. Pourtant, dans chaque situation en tant que multiple, il existe un point, une ligne de fuite qui évoque, parmi les éléments dénombrables et représentables de la situation, le non-dénombrable, le non-représentable, la puissance.

Vérité et situation

Les hommes n'organisent pas leur activité au sein de la situation dans l'objectif de la recherche de la vérité, c'est au contraire la rencontre avec la vérité comme expérience qui constitue le point de départ, le fondement permettant que les activités humaines s'ordonnent et existent en coïncidence et à partir de cette « vérité/exigence ».

Sera vérité d'une situation ce qui aura à voir avec l'essence même de la situation. En revanche, nous pourrons parler au sein d'une situation d'énoncés ou de pratiques « véridiques » ou en accord avec la vérité, c'est-à-dire en accord avec l'autoproduction de la situation. Comme nous l'avons développé dans *Peut-on penser le monde ?* [25], la vérité n'est pas énonçable, elle est à comprendre comme cette exigence permanente de chaque situation à partir de laquelle peuvent être produits des énoncés, périphrases qui seront « tolérées » par l'essence de la situation dans la mesure où elles vont dans le sens du développement de celle-ci.

Ainsi, la vérité « tolère » ou non certaines pratiques et certains énoncés, dans le sens où, à l'épreuve de la pratique, ceux-ci développent ou non la puissance de la situation. C'est pourquoi nous les présentons comme des périphrases d'une phrase qui n'existe pas en soi autrement que comme productrice d'hypothèses et de pratiques. Vérité et être sont à comprendre dans le même sens, c'est-à-dire comme la dynamique situationnelle à partir de laquelle ils sont pensables, concrètement, comme l'agir, comme l'activité de l'étant en coïncidence avec son essence. Dès lors, tout ce qui permet qu'il y ait composition de rapports qui augmentent la puissance de la situation va dans le sens de la « vérité/être » de celle-ci.

La vérité dans une situation est acte et ne saurait être, par

25. *Peut-on penser le monde ?, op. cit.*

conséquent, déductible des éléments de la situation. Elle est en ce sens à comprendre comme ce que Spinoza présente sous l'appellation de « connaissance de troisième genre », de laquelle naît l'amour intellectuel de Dieu, c'est-à-dire une praxis. Non seulement la praxis n'est pas l'« autre de la théorie », mais c'est son point central et sa condition d'existence. L'existence de la situation est ainsi sous condition d'une praxis qui l'« assume ». Cette praxis sera le troisième élément de la situation. Si le premier était le principe, cet « un » ineffable dont nous disions simplement qu'il était à l'origine de la distinction, de la procession et de la « manence », si le deuxième élément est, précisément, la manence, la procession, le devenir de la situation, le troisième sera la « conversion », c'est-à-dire l'assomption de l'exigence de la part des habitants de la situation.

Praxis et pensée

Insistons sur le fait qu'une praxis n'existe pas sous condition de la conscience. Une praxis, pour ainsi dire, n'a nul besoin d'être « éclairée ». Or, il est important de tenir compte du fait que, bien que nous affirmions l'hypothèse selon laquelle la pensée (et non la conscience) est une condition nécessaire pour l'existence de la situation, il ne s'agit pas ici de la pensée sous sa forme exclusivement symbolique formelle. La pensée consciente, comme nous l'avons dit, n'est qu'une des formes d'existence de celle-ci.

Dans la situation, il est question d'un niveau plus fondamental de la pensée comprise comme cette dimension ontologique de la situation qui traverse l'ensemble de celle-ci. Dès lors, il y a de la pensée, c'est-à-dire qu'il y des problèmes et des résolutions de problèmes, au-delà du fait que ces problèmes passent ou non par la forme représentative symbolique formelle propre à la conscience. C'est en ce sens que nous disions précédemment que, si la conscience est une manière humaine de participer à la pensée, ce n'est pas réellement l'homme qui pense ; il participe en réalité à la pensée par le biais de son activité, qui n'est pas uniquement consciente.

La difficulté pour comprendre cela provient de la conviction que la pensée est, dans son ensemble, un processus langagier. Autrement dit, nous imaginons que la pensée se développe telle une longue phrase qui défilerait et existerait dans la tête des hommes, alors qu'en réalité cela n'est qu'une petite partie de ce processus. La vraie question serait alors : en quoi pense la pensée ? Car assurément, comme nous le disions, la pensée comme processus déborde largement le système logique symbolique, auquel elle est pourtant le plus souvent réduite.

Cette réduction est le corollaire d'un autre présupposé selon lequel la pensée serait un système communicationnel. Au sein de l'« idéologie de la communication » (idéologie dérivée de l'utilitarisme), nous ne pouvons concevoir une pensée autrement que comme voulant dire quelque chose pour des interlocuteurs supposés. À l'instar de la théorie de la communication, la pensée serait ainsi un énoncé produit par un émetteur en direction d'un récepteur. Pourtant, le processus de la pensée est un processus qui, pour ainsi dire, pour sa plus grande part, ne veut rien dire à personne.

Nul besoin d'aller chercher très loin pour illustrer cela. Par exemple, une musique. Il est vrai que les gens essayent de trouver dans une composition musicale un « sens », et il est vrai aussi que, très souvent, l'auteur lui-même veut dire quelque chose à travers son œuvre. Mais force est de reconnaître que si une œuvre picturale, musicale ou chorégraphique est « réussie », c'est parce que, à un moment donné, quelque chose de cette création, en s'inscrivant dans le processus de production de la pensée, échappe à la combinatoire unidimensionnelle de la communication. Et même, compte tenu de la dictature actuelle du communicationnel, on peut dire que c'est toujours entre les parenthèses, dans les failles de la communication que peut exister, souvent comme mode de résistance, la création artistique sous ses multiples formes.

Mais, plus encore, les théorèmes et les lois qui fondent et structurent les mathématiques et, d'une certaine manière, la physique, au sens communicationnel, « ne veulent rien dire ». De ce fait, les tendances à extrapoler les résultats des recherches scientifiques, à interpréter systématiquement la signification de tel ou tel théorème, ne peuvent que déranger à juste titre la communauté scientifique, qui expérimente au quotidien le travail de participation à un processus de pensée non communicationnel et paradoxalement pas totalement symbolique.

L'ensemble de l'œuvre poétique de l'humanité pourrait par ailleurs, d'un point de vue communicationnel, se résumer à quelques phrases, qui, en outre, permettraient à nos contemporains de « gagner du temps ». « Les femmes sont belles », souvent « comme les roses », « la nuit est mystérieuse », etc. : tel pourrait être le début de cette œuvre de réduction communicationnelle de la poésie. Cependant non seulement l'homme n'est pas le producteur de ses pensées, mais, qui plus est, il est l'ouvrier, comme l'écrivait Sartre, d'« une vérité qu'il ne connaîtra jamais ». Spinoza évoquait à cet égard la figure de l'automaton : « Nous sommes, dit-il, des automates spirituels, c'est-à-dire que c'est moins nous qui avons des idées, que les idées qui s'affirment en nous [26]. »

Il existe dès lors deux tendances qui empêchent de penser et de développer une situation. La première est la « réaliste », qui consiste à affirmer que tout ce qui existe doit se réduire à ce qui, dans une situation, est présent et représenté. La situation n'est alors constituée que de ses éléments inclus et comptables. De ce point de vue, ce qui reste exclu, c'est la possibilité d'augmenter la puissance de la situation, de la penser et d'exercer une praxis en son sein, puisque ses

26. Baruch SPINOZA, *op. cit.*

habitants restent définitivement condamnés à sa surdétermination saturée. Dans cette optique, non seulement les décisions de et pour la situation seraient déductibles de celle-ci, mais, qui plus est, la décision serait une simple vue de l'esprit, puisque tout serait joué d'entrée de jeu. Ce point de vue « réaliste » implique, de par l'élimination de l'exigence, une destruction de la situation, puisque, comme nous l'avons vu, la situation comme multiple consistant existe sous condition de l'exigence qui « inconsiste » et qui fonde la praxis et la pensée comme excédentaires.

Cette conception de la situation est celle qui existe par exemple dans la politique réactionnaire, et que l'on connaît sous le nom de « pensée unique », selon laquelle, notamment, la situation sociale serait surdéterminée par l'impératif économique, et les hommes, au-delà de leurs points de vue politiques, devraient suivre les pas que la situation « réaliste » leur dicte. En général, ce « réalisme » n'est pas le monopole de la politique, c'est plutôt une application à la politique du néopositivisme philosophique : c'est l'attitude que Sartre présente dans *L'Être et le Néant* comme la « mauvaise foi », lorsque nous invoquons les déterminants de la situation pour échapper à l'exigence de celle-ci. Si c'est une caractéristique du conformisme, cela constitue aussi la base de toute « collaboration » (dans le sens que ce terme possède en France) justifiée par des énoncés du type : « Nous obéissions aux ordres », ou, pour ceux qui donnaient ces ordres : « Nous obéissions aux règles de la réalité de la situation. » C'est aussi le propre des passions tristes. Mais la situation ne fonctionne jamais sur un principe d'identité saturée, c'est pourquoi « obéir aux ordres » ou « obéir aux diktats de la réalité » sont deux modes de la canaillerie qui cachent une adhésion à l'état de la situation ou bien une fainéantise face à l'exigence.

De l'autre côté, nous trouvons la tendance « idéaliste », qui consiste à nier les éléments qui constituent la situation pour n'analyser ou ne prendre en compte que l'imaginaire des gens qui y vivent. De sorte que le déterminisme semble disparaître, tout apparaissant comme possible. Pourtant, c'est à une impuissance totale qu'une telle attitude nous condamne, nous faisant en fait retomber dans le déterminisme le plus étroit : si tout est possible, rien n'est réel. Nous serions ainsi au cœur d'un monde de sophistes où il ne serait question que d'opinion, l'exigence comme point de réel, comme point de vérité de la situation, disparaissant. Finalement, nous nous trouverions dans le même cas de figure que nous évoquions précédemment, la situation elle-même tendant à disparaître.

L'idéalisme, qui apparaît donc comme symétriquement opposé au réalisme, existe comme tendance dans la société sous la forme du volontarisme infantile, consistant à affirmer qu'il suffit de prendre le pouvoir pour tout changer. Les promoteurs de ce genre de position agissent comme s'ils étaient convaincus que si le monde n'est pas meilleur, c'est parce que les gens manquent de volonté pour faire « ce qu'il y a à faire ».

Ces tendances finissent paradoxalement par se rencontrer dans le mythe du progrès, où, finalement, la question de la liberté et de la vie de l'homme est comprise à la lumière de sa capacité à dominer une situation par rapport à laquelle, de toute façon, il se pense comme non inclus. Si, dans le premier cas, nous nions par « mauvaise foi » la situation en niant son essence, son exigence, dans la seconde attitude, nous la nions en invoquant une volonté prétendue libre dont le développement de la situation dépendrait, alors que celui-ci est constitué par un ensemble de lignes objectives de développement auxquelles on peut, dans le meilleur des cas, participer.

Ce mélange de réalisme comme dictature d'un monde qui est présenté comme unique et véritable, d'une part, et d'effacement de la vérité au nom de l'opinion, d'autre part, constitue une sorte de portrait de nos sociétés. Pourtant, la détermination d'un multiple comme situation dépend de l'unité de la pensée avec un « point d'être » de la situation. La situation, qui existe comme ce qui est déterminé, n'est ainsi pensable que par l'évocation de l'indéterminé. On ne peut pas penser « contre » la situation, contre les déterminations qui la tissent, mais on ne peut pas non plus prétendre que la pensée soit un simple reflet d'une objectivité passive de la situation. La pensée est une exigence ontologique de la situation, et, comme nous le verrons plus loin, ce n'est pas la seule.

Hasard et situation

Si le propre de l'être est son autodétermination, alors l'image du « coup de dés » de Mallarmé pourrait paraître, dans une certaine mesure, appropriée pour penser cette question. Le *clinamen* d'Épicure comme le premier principe de Damascius, qui mettent en relation des séries et des combinatoires autonomes, sont sans aucun doute à comprendre sous cette forme. Mais, bien que ce coup de dés soit, par raison et par étymologie, un coup de hasard, force est de constater que le poète n'a pas forcément raison ou que du moins il n'a raison que « relativement ». On peut dire, en effet, qu'un coup de dés abolit le hasard dans le sens où il fonde et crée une situation consistante ayant ses lois et nécessités internes. En revanche, il n'abolit pas le hasard sous sa forme « lourde », dans le sens où l'exigence, le premier principe qui ordonne le devenir de la situation est le sans principe, il est *causa sui*.

Il est important à cet égard de souligner la différence entre les deux niveaux de « hasard ». Le hasard lourd est celui qui n'est pas aboli et qui perdure sous la forme de ce que les anciens appelaient la « providence » ; le « hasard faible », pour sa part, est le hasard intrasituationnel. On parle souvent à son sujet de « sans lois », d'« incertitude », pour signifier que finalement, au sein de la situation, il n'y aurait pas de lois ou de déterminismes l'ordonnant de manière « non négociable ».

En réalité, la grande rupture du début de notre siècle a marqué la fin du déterminisme téléologique qui visait au fameux rêve laplacien d'aboutir à un point de savoir total se confondant avec un point de domination totale. Mais la rupture de cet idéal ne plonge pas le monde dans une incertitude radicale, dans un non-sens total. Au contraire, toutes les théories et tous les travaux autour de l'incertitude, en logique comme en physique, parlent non d'un « réel sans lois » ou même, comme le disent certains, d'un réel si flou que nous pourrions en venir à questionner son existence, mais de l'incapacité à un moment donné de connaître toutes les données d'un système. Ce qui ne signifie nullement que ce système soit « sans lois » ou sans surdéterminations. Il est ainsi nécessaire de bien établir la différence entre ce qui, pour le chercheur, apparaît comme « imprévisible » et l'extrapolation qui consiste à affirmer, par exemple, que c'est le réel ou le monde qui serait « incertain ».

Du point de vue du travail de la pensée, la rupture de l'alliance classique entre déterminisme et rationalité nous place en effet face à un réel qui se comporte de manière « stochastique ». Ce que nous appelons la « rupture du déterminisme » est la rupture du paradigme rationaliste établissant comme rationnel l'analytiquement prévisible. De ce point de vue, il est vrai que la « prévisibilité » ne peut pas demeurer l'exigence la plus importante de la rationalité, sous peine de limiter radicalement son développement. Dès lors, toutes les pistes et hypothèses qui, depuis les sciences, nous permettent d'avancer sur le terrain de la logique et de la pratique scientifique, sans éviter la question aujourd'hui centrale de l'incertitude des systèmes, se révèlent hautement positives. Les modèles stochastiques et autres logiques floues sont des méthodes et des techniques nous permettant de travailler là où, justement, l'imprévisibilité nous place face à une indécidabilité structurelle. Le développement de ces logiques et de ces hypothèses a accompagné l'ensemble du siècle, et là où Hilbert et ses collègues croyaient percevoir une catastrophe s'est développée une série de théories qui ont au contraire ouvert des horizons nouveaux pour la raison et la pensée.

Car l'élément commun à toutes les questions confrontées à l'incapacité de prévoir, comme celle de l'indécidabilité en mathématiques ou celle de l'incertitude en physique, c'est la présence d'une « ignorance » qui n'a rien de négatif, mais qui nous oblige à accepter que, à un moment donné, il nous est impossible de prévoir le développement futur d'un système (voir, par exemple, la loi des catastrophes). Pour autant, répétons-le, cela ne signifie en rien que ces systèmes ou « incertitudes » soient « sans lois ».

C'est pourtant l'interprétation exagérée dans laquelle beaucoup de nos contemporains se sont lancés, pensant que les limites structurelles de la prévision étaient les limites du déterminisme. En réalité, que nous puissions ou non prévoir un phénomène, que deux énoncés soient à un moment donné « indécidables », cela ne signifie en aucun cas qu'il existe, au sein de l'ensemble du système, une « indétermination » structurelle. Bien au contraire, tous les effets et enchaînements sont pris dans une série de causes et d'effets, même si, comme c'est de nos jours la mode, nous nous rendons compte que ces séries, ces combinatoires sont « complexes » et non linéaires ni prévisibles.

En résumé, qu'un phénomène ne soit pas prévisible ne signifie pas qu'il soit *causa sui*, sauf si, à partir d'une vision absolument anthropocentrique, nous considérons que tout ce qu'un homme ne peut pas dominer est *causa sui*, ce qui nous permettrait, certes, de sauver le narcissisme humain, mais au prix de la condamnation de la pensée rationnelle. En réalité, au sein d'un système, le coup de dés n'abolit pas le hasard, même s'il est vrai que le rêve de Kepler, que l'homme parvienne un jour à être comme Dieu parce qu'il connaîtrait « tous les théorèmes », se révèle structurellement non réalisable.

Il existe cependant une dimension, un fondement qui est bien *causa sui*, c'est-à-dire un pur événement, pour le différencier du régime des faits, sans cause externe. Ce qui n'est pas pris dans la série causale est justement ce qui fonde le devenir, l'existence même de la situation et qui, comme nous l'avons vu avec Damascius, est une origine qui est permanente : « ce toujours dans le devenir ». En ce sens, ce qui apparaît comme *causa sui*, ce ne sont pas les traitements des différentes problématiques au sein d'une situation donnée, mais la problématique elle-même.

On peut ainsi remarquer que, souvent, en un même moment historique, des personnes différentes traitent les mêmes types de problèmes, s'occupent des mêmes questions aux quatre coins du monde, sans qu'elles aient eu entre elles aucun type de relation, directe ou indirecte. Tout se passe comme si les différentes situations historiques, les différentes époques étaient traversées par une série, limitée, de questions communes, même si elles sont traitées par les différents acteurs depuis des pratiques et des points de vue très divers. C'est, par exemple, ce que nous constatons tout au long de ce siècle autour de la question du déterminisme, du finalisme, du progrès, c'est-à-dire du sens ou non du développement des pratiques et des sociétés humaines. Cette problématique a été abordée par les artistes au travers d'un travail de déconstruction de certaines formes, par les mathématiciens, les physiciens, les biologistes, les linguistes, les politiciens, les sociologues, etc. Bref, sans que personne ne le décide ni n'en donne l'« ordre », toutes les activités humaines se sont ordonnées à travers ce que nous pourrions appeler la question de la téléologie et du déterminisme.

D'où cette tendance à considérer que l'on peut, pour chaque époque, dégager une problématique centrale. C'est pourtant à contre-pied de cet énoncé que notre hypothèse se situe : de notre point de vue, c'est plutôt chacune des problématiques fortes qui inaugure une époque. Nous refusons l'idéalisme consistant à croire que les individus, en tant que sujets, pourraient à un moment donné regarder le monde-objet et, à partir de là, déterminer une problématique et de possibles exigences. Car ce n'est, au contraire, qu'à travers l'auto-affirmation d'une exigence que la situation et ses composants, y compris les hommes, en tant que ses habitants, adviennent à l'existence. Ce n'est donc en rien le fruit du hasard si les gens, au sein d'une époque donnée, s'occupent « de manière différente de la même chose ».

Ces ruptures historiques, ces problématiques fortes redistribuent l'ordre de la vie et de la pensée. Elles sont donc complexes, théoriques et pratiques, et touchent le plus général, le plus « abstrait » comme le plus intime de la vie de chaque homme et chaque femme. En somme, ces irruptions sont elles-mêmes *causa sui* et ce sont elles qui, en ordonnant sans nécessité causale une rupture, sont évocables sous le nom de « hasard lourd ». En ce sens, le poète a tout à fait raison, le coup de dés qui établit une rupture ne s'épuise pas dans la forme, dans la situation consistante qu'il fonde. Au contraire, le hasard lourd sera présent en permanence, sous la forme de l'horizon, de l'étoile polaire, de l'exigence qui ordonne, en tant que fondation permanente, chaque situation, grande ou petite, sociale, groupale, familiale ou individuelle. Chaque nouveau *clinamen* établit par une rencontre hasardeuse un principe de stratégie non téléologique mais déterministe, au sein duquel les hommes doivent agir. Ainsi, nous pouvons dire que le hasard qui crée sans aucune nécessité une situation est à reconnaître comme le « destin » de cette situation dans le sens que les anciens donnaient à ce terme en l'articulant au concept de liberté. Ce n'est pas ce qui nous attend, ce n'est pas, comme le croit l'homme de la modernité, ce rendez-vous fatal vers lequel nous nous dirigeons inexorablement. C'est au contraire quelque chose qui se situe toujours en amont, dans le principe permanent, et qui ne s'identifie en aucun cas à la fatalité.

C'est pour cela que l'interrogation de la modernité :

« L'homme est-il libre ? » ne peut trouver de réponse, car la question de la liberté humaine se traite en terme de devenir libre, par l'assomption de la liberté de la situation, et non de par un libre arbitre imaginaire. La liberté n'est pas quelque chose qu'on puisse posséder, pas plus qu'on ne peut être libre de faire ceci ou cela. La liberté n'est pas un « droit », elle est ce défi situationnel auquel l'homme peut participer, dans un « devenir libre », sans que ce devenir n'advienne à un point d'arrivée. Devenir libre dans la mesure où, dans l'ici et maintenant de chaque situation, l'homme participe par sa praxis à la liberté qui ordonne sa situation.

Loi et situation

La dynamique interne de toute situation consiste, comme nous l'avons dit, en ce qu'elle se développe dans son mode d'être et compose des rapports qui augmentent sa puissance, qui enrichissent la réalité par la création de nouvelles dimensions. Mais, en même temps, ce principe, qui est la condition pour que la « procession », pour que la situation puisse « être », n'existe, pour ainsi dire, d'aucune manière. Nous pouvons simplement constater qu'il existe ce que nous pourrions nommer des « lois ontologiques ». Celles-ci, non positives, n'ont rien à voir avec les lois énonçant ce qu'il faut faire ou ne pas faire, elles ne sont pas des lois dans le sens du code, mais des principes ontologiques que nous ne pouvons que constater et qui sont ni plus ni moins que la condition absolue d'existence de toute situation. Ces lois ontologiques sont celles qui, pour reprendre les termes de Whitehead, permettent que l'organisme vive et se développe.

Beaucoup d'exemples peuvent illustrer ce type de principes, mais voici pour commencer deux petites histoires drôles qui, loin des traités abstraits, nous permettent une première approche plus directe de cette question. La première met en scène deux camionneurs qui, arrivant à l'entrée d'un tunnel, arrêtent leurs véhicules devant un panneau sur lequel est écrit : « Interdit à toute hauteur de plus de 2 mètres. » L'un des deux conducteurs descend de son véhicule, regarde attentivement à droite et à gauche, puis crie à l'attention de son collègue : « Allons-y, il n'y a pas de flics ! » L'effet comique de cette histoire provient justement du fait qu'en réalité il existe des lois qui, même si elles se trouvent écrites, ne relèvent pas seulement d'un « code », d'un accord arbitraire entre les hommes. Les « lois ontologiques » sont de ce type, ce sont des lois où, s'il est question de code, il ne saurait être question de « surcodage ». Dans ce type de « lois », nous ne pouvons, dans le meilleur des cas, qu'énoncer simplement ce qui doit être pour que les choses continuent à être.

En ce qui concerne les lois non ontologiques, tout se passe comme si ceux qui les édictaient essayaient systématiquement de les faire passer pour des lois ontologiques, c'est-à-dire non négociables, inévitables. À cet égard, il existe effectivement entre un corps de lois et les lois ontologiques une nécessaire « consonance », les lois des codes devant plus ou moins aller dans le sens du développement de la situation, du maintien de la vie de l'organisme. En effet, lorsque les lois d'un pays rompent ou s'éloignent trop de cette consonance ontologique, la société commence à vivre une époque marquée par la mort, par un dangereux affaiblissement de sa capacité de survie. Dans ce cas, soit les choses changent et, souvent, un tel régime tombe de lui-même – non, bien sûr, sans faire beaucoup de mal –, soit les conditions générales ne lui permettent plus, au bout d'un certain temps, de continuer dans ce sens : en somme, il est acculé soit à changer, soit à tomber par contestation à la fois interne et externe. Notons toutefois que l'idéal démocratique propre à la postmodernité selon lequel, dans le monde humain, les choses ne sont affaire que de convention, d'opinions et de moyens de communication rend cette question des lois floue et pour le moins obscure aux yeux de nos contemporains.

La deuxième petite histoire met en scène une personne effectuant la visite d'une prison. Arrivé à la dernière étape de son parcours, le visiteur, ébahi, constate qu'un prisonnier flotte dans l'air au milieu de sa cellule. Le gardien qui l'accompagne, remarquant sa surprise, lui explique : « Celui-ci est le pire de tous, il ne respecte même pas la loi de la gravitation universelle ! » Nous pouvons dire de manière bien moins comique que l'homme occidental, convaincu de son autonomie et du pouvoir de la science, a ignoré tous les interdits qui ordonnaient les cultures des anciens. C'est ainsi que l'homme moderne se retrouve au cœur d'un désastre écologique tel qu'il ne sait plus si la survie même de l'humanité ne se voit pas compromise ou, pour le moins, sévèrement diminuée au niveau qualitatif. Et ceci, parce que les hommes ont cru que la simple connaissance des lois de la nature leur permettrait de les dominer. Or, il existe effectivement des « lois », des principes qui ne dictent pas ce qu'il faut faire ou ne pas faire, mais qui ordonnent les activités des sociétés et des cultures sans que les hommes soient à leur origine.

Ces principes ontologiques ne sont pas nombreux, mais leur énonciation même est compliquée, car le danger, comme dans les deux histoires, est que nous les confondions et les identifions avec des lois et des principes arbitraires. Ce que nous pouvons néanmoins d'ores et déjà en dire, c'est que, pour qu'il y ait une société, pour qu'il y ait situation, le premier de ces principes est le respect de la vie, non d'une vie ou d'une autre, mais de la vie en général, en tant que processus. À partir de là, les tendances actuelles de notre société qui, au nom du profit économique, mettent en danger la vie elle-même – pas seulement celle des hommes, mais la vie même sur notre planète – ne sont donc pas une « possibilité » de plus à laquelle nous pourrions adhérer par « libre opinion ». Bien au contraire, les tendances qui mettent en avant la logique capitaliste vont directement contre la vie. Elles ne relèvent donc pas d'un choix, d'une option différente mais néanmoins possible, puisqu'elles vont dans le sens de la destruction.

Dans cette logique, une pratique ne saurait être jugée « mauvaise » ou « bonne » par rapport à une culture ou une opinion données. Il nous suffira simplement de nous demander si, dans le cas où cette tendance se poursuivrait, elle nous mènerait ou non à la destruction de la situation et de la vie. Par exemple, le partage et la solidarité sont des tendances qui vont dans le sens des principes ontologiques : il suffit pour cela de constater qu'il n'existe pas de société sans un minimum de partage, de solidarité. Dès lors, tout, dans la situation, est question de tendances et d'exigence, et, bien qu'il existe toujours dans chaque situation des tendances d'égoïsme, de non-solidarité, etc., pour assurer le développement et la survie de la situation, il est nécessaire que celles-ci ne soient pas majoritaires, ou en tout cas pas de manière durable.

En résumé, nous pouvons dire que, d'un point de vue spinoziste, il n'est pas vrai que tout soit la même chose dans une situation : la composition de rapports qui augmentent la puissance, la vie de l'organisme ne saurait être la même chose que la haine et la destruction. Autrement dit, l'amour, comme force de composition, de partage, de pensée, de solidarité, est un des noms que nous pouvons donner à l'exigence dans la situation. En tenant compte du fait que cet amour ne saurait être un amour « communicationnel », un amour simplement intersubjectif (amour psychologisant), mais bien plutôt, comme le disent les néoplatoniciens, un amour dans lequel l'être s'aime et s'admire lui-même à travers ses différentes formes. C'est pour cela qu'il ne peut exister sans un véritable et profond amour de ce qui existe en tant que cela existe, des animaux, de la nature et de l'univers dans lequel notre situation singulière nous fait exister

Chaque société, chaque organisation humaine établit

ainsi des lois qui ne sont jamais de simples accords entre les hommes, car, dans tout corps de lois, nous retrouvons tacitement la relation que cette société se donne et construit avec la nature, avec la vie. C'est ainsi que l'élaboration et l'application de lois non consonantes ontologiquement constituent toujours une possibilité, et, de fait, une réalité très courante. Ces lois, qui se structurent comme si elles étaient fondées sur un socle ontologique, tout en étant pourtant totalement arbitraires, cherchent le pouvoir et se construisent à partir de combinatoires qui existent comme de véritables « simulacres ».

Un simulacre est ici l'élaboration d'un ensemble de lois qui non seulement ne se fondent pas sur une consonance avec les principes ontologiques, mais qui vont même contre ces principes. Qu'une loi ou un fonctionnement soient ou ne soient pas « simulacres » n'est pas, comme nous l'avons déjà évoqué, question d'opinion ou de libre arbitre ; une fois encore, cela a simplement à voir avec la production ou la décomposition que cela implique. Personne ne décide pour son propre compte qu'une loi est un simulacre, mais, de fait, un fonctionnement qui décompose, détruit ou freine le développement d'une situation s'« autoprésente » comme simulacre. Dans un premier temps, il s'agit d'un corps de lois qui ne produisent rien, puis arrive le moment où, pour se maintenir en place, faute d'une consonance ontologique, tout simulacre se fonde sur la censure et la répression, l'établissement d'un pouvoir, d'un surcodage. Par exemple, si, dans la blague des camionneurs, le panneau est posé au milieu du désert, la « loi », ne correspondant à rien dans la réalité, relèvera d'un surcodage, et son respect nécessitera alors la présence de policiers, la mise en place d'une répression, etc.

La situation comme multiple

La situation est donc une unité dans le sens où son principe, son fondement est cette différence, ce « fond qui vient à la surface sans quitter le fond ». Le principe de ce *clinamen* n'est pas le calme qui précède le mouvement, mais est cette instance d'un « antérieur présent » où, avant l'acte, il n'y a ni calme ni mouvement. Ce principe est à l'origine et perdure dans chaque étape de la procession et de la conversion, de l'exigence. En ce sens, la situation est unification, mais elle est aussi multiple.

Pour les habitants de la situation, l'ici et maintenant de celle-ci n'existe en réalité que sous la forme de parties, de « provinces de la situation ». Ce qui apparaît comme le plus immédiat, qui existe comme présent, est sans faille, étanche. L'habitant de la situation a l'expérience et la certitude d'exister et d'occuper un quotidien saturé de sens, d'une consistance complète. Pour l'homme, la situation n'existe donc pas, ou, du moins, il ne la pense pas comme un organisme en développement. Elle se présente au quotidien comme pur centre dont les bords ou bien sont très éloignés, ou bien n'existent pas. Tout a du sens, et le non-sens ou les crises qui menacent en permanence la croyance dans la consistance du quotidien ne sont pas perçus ni pensés comme tels. Pour l'homme du quotidien, en effet, si des choses lui échappent, il demeure convaincu que c'est à lui qu'elles échappent, sans que cela n'affecte en rien l'ensemble de la situation perçue comme correspondant à une logique saturée, à une nécessité dont il peut aller jusqu'à se concevoir privé, mais seulement dans la mesure où cette logique existe.

Le quotidien nous fait ainsi vivre la situation en termes de ce que nous pourrions appeler des « épisodes », compris comme cette instantanéité, cette réalité interne et externe qui se présente comme le cadre de ce qui existe dans le quotidien. L'homme vit dans l'épisode à partir duquel il peut penser, agir et participer au développement de la situation. Dès lors, les hommes, même lorsqu'ils traversent ce que l'on pourra par la suite désigner comme de grandes ruptures historiques, le feront toujours de manière « infinitésimale », c'est-à-dire dans et au sein de l'épisode. Cela ne signifie pas que nous ne puissions pas penser et comprendre que, à certains moments, l'humanité, le groupe ou la personne que nous sommes traversent une véritable crise ou une rupture historique majeure. Il est au contraire tout à fait possible pour l'habitant d'une époque de crise de penser son époque en termes de crise, de rupture, à partir de la comparaison avec d'autres situations vécues ou connues de différentes façons. Mais cela n'empêche pas que, dans la pratique concrète du quotidien, les choses ne se passent jamais sous la forme de grandes ruptures ou de grandes épopées ; dans le quotidien, il y a des épisodes, dans le sens où il s'agit toujours pour l'habitant de la situation d'exercer une série d'actes, de pas, qui sont « infinitésimaux ». Dit autrement, César ne traverse jamais le Rubicon. Car, au-delà de l'importance d'une action et de la conscience qu'on en a, l'épisode est caractérisé par la somme infinie des gestes infinitésimaux qui constituent une praxis. C'est ainsi que, loin de la vision spectaculaire de la situation, l'exigence se présente dans chaque situation non comme un acte d'héroïsme, mais comme la succession infinie d'actes dont l'accomplissement volontaire et persévérant est l'unique garantie de notre décision et de notre fidélité à cette exigence. Il existe, bien entendu, des actes d'héroïsme, et leur protagoniste peut, au moment même où il agit, être conscient de son héroïsme. Cependant, dans la pratique, il n'y a pas d'héroïsme, il n'y a qu'une exigence et le chemin infinitésimal que nous devons construire au nom de cette exigence.

Une situation est ainsi pensable depuis et par l'exigence qui existe dans chaque situation comme « zone de turbulence » à partir de laquelle tout acte est possible. Mais, au quotidien, depuis un épisode, nous pouvons nous trouver dans ce qui serait une « province de la situation », c'est-à-dire un fragment d'une situation qui par son découpage arbitraire apparaît comme totalement saturé. Une « province » de la situation, c'est donc un moment où, à première vue, rien n'apparaît comme exigence. Dans ce cas, qui est le lot commun du quotidien, pour penser ce qui se présente comme « province » de la situation, il faut chercher le « x » situationnel auquel cette province se rattache.

Changement et situation

Tout change dans une situation, au-delà des considérations quantitatives et spectaculaires. Nos contemporains, idéologisés jusqu'à l'intoxication, se trouvent déchirés entre le discours moderne qui dit que l'homme, en tant que sujet, peut tout changer selon sa volonté, et le discours post-moderne, symétrique du premier, selon lequel l'homme ne peut rien changer, la complexité étant telle que toute volonté dans ce sens ne peut mener qu'à la catastrophe...

Au-delà de ces considérations idéologiques, la situation existe sous condition de son devenir, de son changement, auquel, bien entendu, les hommes peuvent et même doivent participer pour que la vie puisse continuer d'exister. En ce sens, le changement, le devenir se présente sous deux formes fondamentales. La première est celle du travail permanent dans et pour la situation qui fait que de nouvelles formes de vie, de nouveaux niveaux de réalité se développent, sont créés par et pour les habitants de la situation. La seconde passe à l'inverse par la volonté de toute-puissance, qui entend s'affranchir des exigences de la situation. En ce sens, les changements vont, comme toujours, soit dans le sens positif de l'organisme/situation, c'est-à-dire de la composition des rapports qui augmentent sa puissance, soit dans le sens négatif de la décomposition de ces rapports.

Dans ce dernier cas, Spinoza affirme qu'en réalité, du point de vue de la nature, il n'y a pas vraiment de « décomposition », étant donné que ce qui, d'un point de vue local, « provincial » ou même situationnel, peut apparaître comme une décomposition signifie en fait une composition dans un autre espace et un autre temps. Cependant, nous ne pouvons penser que depuis un point de vue situationnel. C'est pourquoi l'hypothèse spinoziste que nous venons d'énoncer reste pour nous une véritable hypothèse ontologique fondamentale à partir de laquelle travailler, mais, en ce qui concerne la réalité concrète, comme le dit le poète Pessoa, la nature (d'un point de vue situationnel, dirions-nous) n'existe pas :

« ... qu'il n'y a pas la Nature,
Que la Nature n'existe pas,
Qu'il y a des monts, des vallées, des plaines,
Qu'il y a des arbres, des fleurs, des herbes,
Qu'il y a des rivières et des pierres,
Mais qu'il n'y a pas un Tout auquel cela appartienne,
Qu'un ensemble réel et véritable
Est une maladie de nos idées.
La Nature est parties sans un Tout [27]. »

Les changements situationnels existent donc, loin de toute vision spectaculaire et infantile, comme une permanence dans l'épisode du quotidien. Mais, à la fois, l'histoire procède par ruptures successives qui ne sont ni décidées ni décidables par les habitants d'une situation. Une rupture historique place les hommes dans une nouvelle situation, une situation où la distribution de la réalité est qualitativement différente de l'antérieure. Ces ruptures, qui correspondent à des compositions hasardeuses, du fait

27. Fernando Pessoa, *Le Gardeur de troupeaux*, Unes, Paris, 1993.

qu'elles ne dépendent pas directement des hommes, sont pour les habitants de la situation absolument imprévisibles et surtout non orientables. C'est pour cela que, dans l'attitude des « réformateurs » et des révolutionnaires, il existe toujours le danger d'une impuissance totale dès lors que leurs préoccupations et leurs pratiques se dirigent vers la production et l'orientation de ces grandes ruptures historiques. Le révolutionnaire ou le réformateur transforment la situation ici et maintenant dans le sens où l'exigence de la société le pousse, les éventuelles ruptures ne pouvant constituer son objectif. La politique faite au nom de ces grandes ruptures est le type même de politique qui reste prisonnière de la pensée de la globalité, c'est-à-dire d'une vision monopolisée par le pouvoir.

C'est le propre de l'homme que de pouvoir désirer une rupture qui aille dans le sens de sa volonté, mais cela ne peut être à l'origine que d'une grande impuissance ou, pis même, d'un Richard III ou de sa terrible version réelle, Pol Pot. Au sein de la vision classique du révolutionnaire, le changement passe par la prise du pouvoir conçu comme pouvoir central, responsable, garant et bénéficiaire de l'ordre social. Le problème, c'est que cette instance de « globalisation », ce lieu qui s'autoproclame le « tout » n'est, simplement, qu'une des parties, plus ou moins importante, mais une partie tout de même, de la situation. Certes, il ne s'agit en aucun cas de prétendre que ce qui s'appelle le « pouvoir », avec ses institutions et ses armes de répression idéologiques ou violentes, mais aussi de gestion et de développement, soit une simple instance imaginaire. Cependant, au sein d'une société, ce pouvoir existe dans chacune des situations multiples où s'exerce la vie concrète des êtres humains, en tant qu'élément, partie de la situation. C'est pour cela que tous les mouvements révolutionnaires classiques qui sont tombés dans le piège du pouvoir central ont échoué dans leurs projets, et leur entêtement à croire qu'il devait dominer l'ensemble de la situation a été à l'origine de quelques-uns des pires massacres que notre siècle ait connus.

Le pouvoir, et les organismes et instances de celui-ci, existe ainsi concrètement dans chaque situation, mais, comme n'importe quel élément qui se prétend globalisant ou central au mépris de la multiplicité réelle, il est condamné à exercer une violence contre la vie multidimensionnelle de la situation. « Tout est politique » fut une des consignes des révolutionnaires classiques. Dès lors, le « pouvoir central », qui se pense lui-même comme synthèse dominante de la situation, peut réprimer et orienter l'art, les relations humaines, les comportements sexuels, la vie des hommes. Contrôle et orientations qui, inévitablement, au-delà de la bonne ou de la mauvaise volonté, conduisent au règne de la mort. Si nous considérons qu'il existe un élément dominant, un pouvoir de la situation, tôt ou tard nous devrons considérer que tous les autres domaines et dimensions de la vie doivent se soumettre à cet « axe central ». C'est ce que les maoïstes appelaient, dans cette vision, les « contradictions secondaires » : tout ce qui est de l'ordre de la vie et du devenir de la société devait se plier à la volonté de ce qui était la contradiction et la cause principale, à savoir la prise et le maintien du pouvoir par les avant-gardes.

Seulement, nous le répétons, ce n'est pas parce qu'un élément s'appelle (paradoxalement) le tout que pour autant il est effectivement le tout. Dans la société, ce « tout », c'est le pouvoir ; dans la personne, cette instance, c'est l'« individu/moi ». C'est pour cela que l'on peut entendre dire : « Le pouvoir, c'est moi. » À quoi nous pouvons répondre sans hésiter : « Le moi, c'est le pouvoir. » Ainsi, il ne s'agit pas d'opposer la théorie critique de la société, la théorie de la situation, et la préoccupation pour la question du pouvoir. Il s'agit de comprendre que la question du pouvoir, qui est sans aucun doute une question fondamentale pour penser la société, ne peut pas prétendre garder la place centrale qu'elle possédait dans la compréhension de la société, ni non plus demeurer l'objectif central de toute praxis de liberté. La puissance de la situation n'a pas comme fatalité téléologique la prise ni le contrôle du pouvoir.

Modèle et situation

Penser la situation exige ainsi un effort, sachant qu'il s'agit de penser ce qui, par excellence, est le devenir même, ce qui, dit dans les termes de Damascius, est l'« ineffable ». D'où la difficulté pour imaginer, pour donner une forme, un modèle à la question de la situation. C'est que la situation ne se laisse pas penser en termes de modèle, de forme, étant donné que toute mise en forme est déjà une mise en norme. Mais cette difficulté est plus importante encore que nous pourrions le croire de prime abord puisque, la situation s'autodéfinissant par son exigence, les formes, les modèles qu'elle peut prendre sont souvent très différents et même, comme nous allons le voir dans les exemples qui vont suivre, antagoniques. Quoi qu'il en soit, si nous pouvons parler de « modèles » dans la philosophie de la situation, ce n'est que de modèles axiomatiques et non saturés.

À cet égard, Spinoza, dans sa correspondance avec Guillaume de Blyenbergh [28], au cours de laquelle il aborde abondamment la question du mal, montre comment un même acte peut prendre des sens tout à fait opposés, sens qui ne peuvent être pensés et donnés que dans et pour la situation. Autrement dit, chaque acte ne peut être jugé que selon qu'il répond ou non à l'exigence situationnelle. Spinoza prend ainsi l'exemple d'un crime en principe terrible, le matricide, et l'aborde par le biais de deux cas historiques, celui d'Oreste et celui de Néron.

Dans les deux cas, nous sommes en présence d'un même

28. Baruch SPINOZA, *Traité politique. Lettres*, Garnier-Flammarion, Paris, 1966, Lettre XXIII, p. 218-219.

geste, d'un même crime. Deux actes identiques donc, jusque, éventuellement, dans leur aspect physique : un bras armé qui frappe avec force et qui tue. Cependant, Néron tue sa mère dans ce que Spinoza présente comme un acte qui décompose les rapports fondant la relation : il détruit un rapport pour établir son pouvoir sans limites ni interdits. En revanche, il semble douteux pour Spinoza que nous puissions appeler crime le « même acte » commis par Oreste. Celui-ci tue sa mère parce qu'elle a assassiné Agamemnon, le père d'Oreste. Ainsi, l'acte d'Oreste n'est pas lié à la décomposition, à l'image de Clytemnestre qui doit disparaître, mais, au contraire, au respect d'une composition, d'une construction dans le sens de la justice sacrée qui doit être respectée pour que la situation puisse continuer d'exister et de se développer.

Oreste sait qu'une société ne peut pas se construire ni exister sans la justice. Il sait que l'impunité détruit, tandis que Néron est celui-là même qui détruit. Oreste, en tuant sa mère, dit Spinoza, rétablit le rapport avec son père, avec la loi symbolique. Si bien que, depuis l'analyse de la situation, deux actes qui paraissent être les mêmes se trouvent être radicalement différents dans le concret, dans la situation, au point même d'être antagoniques. C'est que juger un acte à partir de sa forme nous condamne à tomber dans le piège consistant à construire des universels abstraits à partir desquels, justement, la question de la pensée, de l'éthique, disparaît.

Nous comprenons clairement par le biais de cet exemple de quelle façon, finalement, et malgré leur apparente opposition, le relativisme et l'universalisme (abstrait) nous mènent aux mêmes impasses. Ainsi, dans la vision du « relativisme culturel », nous sommes amenés à penser que chaque société construit ses propres principes, tous équivalents par ailleurs. Cela est même très bien vu de la part nos contemporains qui croient découvrir là les bases de la démocratie, d'un « pacte social », qui ne dépend que de la liberté des hommes. Dans cette optique, s'il n'y a de principes que ceux que chaque société se constitue pour elle-même, nous devons accepter qu'il y ait des sociétés fondées, par exemple, sur le racisme, la misogynie, la torture, l'exploitation des enfants, etc., sans que jamais nous ne puissions, depuis telle ou telle autre culture, intervenir ou critiquer, au prétexte que nous devons respecter ce « geste de liberté » qu'une société se soit donné de tels principes. Oreste peut alors être « mauvais » et Néron « bon », cela dépendant de la société, qui les juge selon ses propres principes.

Dans la perspective de l'universalisme abstrait, les grands principes n'existent pas comme des exigences, il existent comme formes, formes et normes universelles qui ne dépendent en rien de la singularité de la situation. Dans cette perspective, tuer est un mal dans l'absolu, et donc Oreste et Néron sont la même chose. Mais alors, les résistants du ghetto de Varsovie et les nazis sont la même chose, puisque tuer est universellement condamnable. Les universalistes essaient en permanence de penser de quelle manière leurs principes pourraient ne pas tomber dans ce type de rigidités ridicules, mais, malgré ces efforts, l'universalisme, en niant la singularité, en vient, tout comme le relativisme, à unifier de bonnes et de mauvaises actions sous une même forme universelle.

Pour les universalistes, les principes ne sont pas décidés par la société, mais ils les fondent. Du point de vue de la théorie de la situation aussi, les sociétés sont fondées à partir et sous condition de certains principes qui leur donnent vie, mais ceux-ci existent en situation comme exigences, et jamais comme des formes universelles transsituationnelles. C'est pour cela que, dans l'optique de cette théorie, deux actes identiques dans leur forme peuvent être antagoniques dans leur sens, comme dans l'exemple des deux matricides. Dans les deux cas, la composition ou la décomposition ne peuvent être pensées qu'en termes de singularité, de situation. Comme nous l'avons vu, il ne s'agit pas pour Spinoza de renoncer à un principe universel qui nous permette d'aborder la question du bien, ce qui nous ferait tomber dans un relativisme sophistique. Au contraire, c'est à condition de renoncer au faux universel abstrait que nous pouvons accéder au seul universel qui soit, l'universel concret, qui existe, comme la substance chez Spinoza, tout entier et indivis dans chacun de ses modes.

Un autre exemple de cette relation « forme-situation » nous est donné par Philon d'Alexandrie, auteur, entre autres, d'un traité sur la « vie contemplative », et qui, dans son *De providentia* [29], défend avec force ce que nous nommons la « quotidienneté de l'être », autrement dit, ce qui apparaît à nos contemporains comme très abstrait et lointain, et qui est, en réalité, le plus proche et le plus concret. Philon affirme que « la providence saurait se désintéresser de la région sublunaire, puisqu'il résulte de toutes les observations précédentes que le monde a été organisé en vue des hommes plus encore que des dieux [30] ».

C'est dans la vie concrète des hommes et dans leur vie en société que se jouent les conflits les plus profonds, qui regardent l'être même de la situation. C'est ainsi que Philon, lorsqu'il évoque la question du mal et de son origine, conteste l'idée qu'il puisse exister des « méchants heureux », qui, selon lui, ne sont que le fruit d'une vision « abstraite », d'une illusion, autrement dit, d'une erreur : ce qui nous apparaît dans une situation donnée comme une source de bonheur pouvant très bien ne pas l'être dans une autre situation. Philon explique que Zénon d'Élée a commis un attentat contre un tyran, mais que, malheureusement, non seulement l'attentat n'a pas atteint son objectif, c'est-à-dire l'exécution du tyran et le rétablissement de la justice, mais qu'en outre Zénon a été attrapé et supplicié.

Philon, tout comme Spinoza, peut penser comme un bien, dans la situation, un acte qui, depuis une morale abstraite,

29. Philon d'Alexandrie, *op. cit.*
30. *Ibid.*

pourrait apparaître comme répréhensible : celui d'ôter la vie à quelqu'un. Pour Philon, l'injustice réside au contraire dans le fait que le tyran a continué de vivre alors que Zénon, homme juste, est mort dans la souffrance. Plus tard, Philon expliquera pourquoi le bonheur du tyran n'est qu'une apparence. Celui-ci vit certes dans un grand confort, mais privé de tout ce qui est amour, pensée, justice et harmonie : il est condamné à une survie, de luxe certes, mais survie tout de même.

Finalement, le tyran, la canaille est comme l'esclave de Hegel qui préfère sa vie à la liberté. C'est pour cela, comme nous l'évoquions précédemment, que, malgré les apparences, il n'y a pas de méchant heureux, car ce bonheur ne peut être qu'un bonheur de survie, un bonheur d'esclave. La vie, dans certaines situations, passe ainsi, pour Philon, par la nécessité d'exécuter un tyran, même si rien ne peut remettre en question le fait que la vie et le respect de la vie soient l'un des principes ontologiques fondamentaux de la situation.

Nos contemporains, un peu perdus en cette fin de millénaire, essaient de chercher ou de se construire des valeurs et des repères « sûrs », c'est-à-dire transcendants à la situation. C'est ainsi que, par exemple, d'aucuns se demandent comment il est possible d'être, au nom de la vie, contre la peine de mort tout en défendant, par exemple, le droit à l'avortement. Nous voyons là clairement que la philosophie se joue non comme un exercice d'universitaires ennuyeux, mais dans les questions les plus profondes et les plus fondamentales constituant le tissu de ce qui est, concrètement, le plus proche et le plus quotidien.

Nous-mêmes, comme à l'époque de Philon ou à celle de Spinoza, comme, en somme, à toute époque, nous devons être à la hauteur de notre situation en repoussant et en combattant toutes les hypothèses qui nient l'activité et la vie de l'homme comme devenir et exigence permanente, en rejetant toute tentation de présenter la vie comme condamnée à obéir à un principe universel unique qui ordonnerait depuis sa supposée centralité l'ensemble des situations, tel que, à notre époque, l'« impératif économique ». Une fois de plus, les principes universels n'existent qu'en situation, et toute morale abstraite, tout principe abstrait ne peuvent être que des principes liberticides au service du pouvoir et des puissants.

Tant que l'on reste piégé dans les principes universels, la seule chose que nous puissions vivre et expérimenter, c'est notre impuissance. En revanche, c'est par le biais de la pensée en termes situationnels que nous pouvons découvrir les universels concrets qui ordonnent chaque situation. Qui dit « universel concret » ouvre la voie à une praxis libératrice de l'homme, praxis qui ne peut exister qu'au travers de ce que nous nommons des « actions restreintes ». Une action restreinte n'est pas restreinte par sa « taille », ni par son aspect quantitatif ou spectaculaire. Une action est restreinte dans la mesure où elle se fonde sur et répond à l'exigence concrète de la situation dont nous sommes habitants et composants, dans la mesure, donc, où cette praxis ne se dilue pas dans un fondement abstrait qui nie la singularité de la situation présente.

6

Le temps et l'espace comme dimensions de la représentation

« C'est le cerveau qui fait partie du monde matériel et non pas le monde matériel qui fait partie du cerveau. » À ce principe épistémologique nous ajoutons que ce sont les représentations qui font partie du réel et non pas le réel qui fait partie des représentations. Cela afin de poser clairement, d'emblée, l'angle d'attaque par lequel nous comptons aborder la question de la représentation en général et du temps et de l'espace en particulier, dans la mesure où nous concevons le temps et l'espace comme des dimensions de la représentation.

Le temps « topologisé »

Il existe, pour les stoïciens, deux façons de penser le temps : d'une part, « Cronos », qui est le temps chronologique, de la montre, de la pulsation, et, d'autre part, « Ionos », ou le temps non pulsé. Le premier est le temps des corps et le second, celui des incorporels. Pour la modernité, il existe aussi deux grandes manières d'aborder la question du temps. En premier lieu, le mode dominant, ordonné par le discours des sciences expérimentales, pour qui le temps est pensé comme cette dimension dans laquelle « le mouvement a lieu ». Le mouvement dépend ainsi du temps. Dans cette vision dominante de la modernité, le temps apparaît comme une dimension (transcendantale) qui se développe et existe de manière autonome, sorte de cadre (virtuel) existant dans l'absolu au-delà de ce qui pourrait l'occuper ou le remplir. Nous pouvons, écrit Kant, imaginer un espace ou un temps vides, mais nous ne pouvons pas imaginer un non-temps, ou un non-espace...

Le temps comme scène en mouvement serait une constante universelle. Tout ce qui se passe, tout ce qui existe ou peut exister prendrait place au sein de ce cadre, au sein de ce « temps continent », et cela indépendamment de la conscience et de la connaissance que nous pourrions avoir ou pas des phénomènes en question. C'est donc d'un temps « topologisé » qu'il est question ici, puisqu'il est conçu dans une analogie totale avec l'espace : c'est au sein d'un espace, virtuel certes, mais d'un espace tout de même, que les phénomènes se produisent. L'homme pense ainsi sa vie, la vie en général ainsi que celle des objets, comme un autre du temps, de la même manière qu'un piéton, un marcheur serait un autre du chemin ou de la rue qu'il parcourt.

Temps et espace pourraient, dans cette optique, être comparés à un terrain de sport loué à l'heure, de sorte que spatialement et temporellement il existe un « lieu », un « intervalle spatio-temporel » existant en soi et pour soi et dans lequel le match se déroulerait. L'importance de la centralité du temps réside en ce que finalement, une fois déterminée une série de coordonnées spatio-temporelles, nous croyons avoir donné l'essence même de l'étant auquel nous faisons référence. Au-delà du jeu des sportifs, et même si le match est annulé, ce qu'il y a eu, ou même ce qu'il n'y a pas eu, cela demeure un match. De la même façon, par exemple, on pourra définir un objet par l'appellation « train de 12 h 45 ». De la sorte, on considère qu'une coordonnée temporelle est censée déterminer l'essence d'un étant au-delà de sa composition interne.

Dès lors, la question du temps comme existant en soi et pour soi n'apparaît en aucun cas comme problématique ou à problématiser. Bien au contraire, au sein de l'« irréfléchi » du sens commun, il est indéniable que « le temps existe », et la seule chose qui intéresse et pose problème aux individus à cet égard, c'est la manière dont ils peuvent « utiliser » ce temps. À notre époque, la perception du devenir n'est nommable qu'à travers sa représentation qu'est le temps. Ainsi, l'activité, la vie des gens sera comptabilisable non en relation au devenir multidimensionnel, mais par rapport à sa représentation énumérable.

C'est le cliché du temps comme « capital », comme un bien qui nous est imparti au début de la vie et par rapport auquel l'homme de la modernité, l'individu, prend position tel un rentier-gérant responsable. Dans ce dispositif et par ce mécanisme, une fois de plus, l'individu fait l'expérience de la sensation de sa séparation en tant que sujet existant hors du monde, hors de la situation et du temps. Sujet pur, donc, qui peut décider de faire partie ou non de la situation et du temps, puisque « préexistant » en tant qu'entité à ces deux dimensions.

En outre, la question de ce qu'est le temps, ce qu'est l'espace, nous conduit à la question existentielle de : qu'est-ce qu'une chose ? quel est le régime d'existence de quelque chose, d'un objet, ou, comme nous l'appelons avec Deleuze, d'un pli ? Un objet existe ainsi comme une singularité parce qu'il occupe un lieu, qu'il est identifiable dans un temps donné et un espace concret. Comme l'écrit Heidegger : « Chaque chose n'est pas nécessairement un – cette chose-ci – insubstituable ; elle ne l'est qu'eu égard à l'espace et au temps [1]. » Cela rejoint l'exemple du « train Paris-Lyon de 12 h 45 », auquel nous avons fait allusion : lorsque nous en parlons, la « chose » reste définie par cette

1. Martin HEIDEGGER, *Qu'est-ce qu'une chose ?*, Gallimard, coll. « Tel », Paris, 1965.

détermination spatio-temporelle au-delà des éventualités qui feraient que ce train partirait à 11 heures, de Pantin, que tous les wagons seraient changés, etc. Ainsi, à travers les coordonnées espace-temps, je peux définir un « ceci » singulier et concret même si rien dans le réel de la chose déterminée ne nous renvoie à une persistance nommable de « ceci ».

Pour Kant, le problème est que nous n'avons accès qu'aux multiples, jamais à l'unité, de sorte que la raison ou bien exige l'accès à une unité « rationnellement concevable » ou bien déclare, sans autre forme de procès, que cette unité est « en soi », c'est-à-dire inabordable. Il est important que la chose « en soi » soit pensée au sein des catégories kantiennes comme l'unité ; dans une certaine mesure, elle est inabordable de par la conception scientifique de l'époque à laquelle Kant adhère, c'est-à-dire que l'absolu, cette totalité unifiante, apparaît comme une impossible totalisation de toutes les parties. Pour autant, comme nous le verrons, Kant ne conçoit pas la totalité comme élément de la partie, comme le font Spinoza et les néoplatoniciens. De plus, il n'a pas non plus accès à la théorie moderne des transfinis, qui permettent de tenir compte d'une unité sans pour cela sacrifier la multiplicité.

Le temps comme représentation

La seconde conception du temps, qui précède historiquement la première et qui, par la suite, cohabitera de manière conflictuelle avec elle, est celle selon laquelle le temps est la représentation, la codification de l'activité, c'est-à-dire que ce qui existe dans le réel de l'être, c'est l'activité de l'étant, qui, comme l'écrit Damascius « coïncide avec l'essence ». Cette activité peut être constatée, représentée, de différentes façons ; l'une d'elles correspond aux mesures du temps et de l'espace. Si bien que le temps et l'espace dérivent de l'activité et n'existent pas en soi séparés ou indépendamment de l'activité, dont ils sont la représentation et le signe. Autrement dit, comme le disent les stoïciens, « le temps dérive de l'acte, il n'est pas l'image de l'éternité ».

Damascius, dans son *Parménide*, développe cette idée : « L'éternité n'est pas la mesure de l'être en tant qu'être, car ce qui est seulement être n'a pas besoin de mesure, et même pas de la mesure substantielle, lui qui procure existence à la mesure [2]. » Ainsi, le temps et l'espace comme mesures n'existent pas de manière indépendante de ce qu'ils mesurent, et l'existence même des mesures dépend ou participe de l'être qu'elles mesurent. Il faut entendre ici « mesure » dans le sens de représentation de la chose. La représentation n'est pas une illusion, elle ne s'oppose pas à la chose, elle est à comprendre comme une dimension de la chose.

Damascius conteste ainsi depuis son époque l'inversion spectaculaire qui domine la nôtre et qui consiste à prendre la représentation pour la chose représentée. Notre époque nous présente en effet comme « réel » le temps et l'espace, et comme existant secondairement le devenir, le mouvement de l'être. Cette nouvelle inversion ontologique à laquelle procède Damascius, en opposition à la vision spectaculaire, ne nie pas l'existence du temps et de l'espace, comme certains peuvent le croire, mais situe la mesure en tant que dimension de l'être. En outre, la mesure est toujours « en retard », en second lieu, par rapport à ce qu'elle mesure. Dans ce cas, le chemin non seulement ne précède pas le promeneur, mais comme le dit le poète Antonio Machado, « *Caminante, no hay camino, se hace el camino al andar* » (« Marcheur, il n'y a pas de chemin, le chemin se fait en marchant »). Les néoplatoniciens et les stoïciens découvrent ainsi par le biais de la pensée ce que plus de deux mille ans plus tard on constatera dans la pratique de la physique, à savoir la relativité du temps comme mesure : le

2. Damascius, *Commentaires sur le Parménide*, *op. cit.*, t. 1, p. 68.

temps n'est pas cet absolu qui se développe universellement et dans tout système de la même façon, inexorablement.

Pour les philosophes stoïciens et leurs deux modes du temps, la différence résidait, comme nous l'avons évoqué, entre le temps des « pulsations », le temps mesurable et mesuré, pris au sein d'une récurrence, d'une réitération systématisée, « Cronos », et cet autre temps, cet autre devenir qui ne peut être simplement pensé avec le concept de temps linéaire des aiguilles d'une montre, « Ionos ». Cet autre temps ne s'oppose pas au premier, nous pourrions plutôt dire que depuis une autre dimension il le fonde. Cette temporalité autre est à penser de différentes façons qui ne sont pas contradictoires mais qui dépendent du système dans lequel nous nous mouvons, sans pour autant que cela ne nous mène à un quelconque relativisme.

La compréhension du temps comme représentation correspond aussi à ce qu'explique saint Augustin dans ses *Confessions* lorsqu'il fait référence à cette « éternité », à ce non-temps qui, pour ainsi dire, existe pour nous à travers les secondes de la montre. Pour saint Augustin, le temps, contrairement au concept d'éternité, est la « succession de ce qui est, en fait, simultané. Cette éternité est donc le statut structurel de l'univers. Car même si celui-ci, en tant que créé, est amené à passer, seule la figure en est périssable, non la nature. Ce qui signifie que chaque être particulier naissant et périssant, l'harmonie demeure impérissable et en elle tout être individuel a sa place. Le temps est la forme par laquelle la partie saisit l'univers. Seul l'univers est simultanéité, la partie n'est simultanéité qu'insérée dans une structure, dans son appartenance à l'univers [3]. »

Cela nous amène à comprendre que le temps et l'espace, comme catégories constitutives du phénomène humain, ne sont ni vrais et transcendants « en soi », ni non plus pure illusion ou subjectivité. Le temps et l'espace font partie du fondement même du phénomène humain en tant que « véri-

3. Saint Augustin, *Confessions*, *op. cit.*

tés de perspective », qui non seulement ne s'opposent pas à la simultanéité, mais qui n'existent et ne sont pensables qu'en accord et en « consonance » avec elle. Cette « simultanéité » est la conscience du tout, non comme pure hypothèse, non comme « le tout somme des parties et des situations », mais ce tout de la substance en tant qu'elle existe tout entière dans chacun de ses modes.

En ce sens, le temps et l'espace sont les coordonnées dans lesquelles nous vivons, elles sont ce que Sextus Empiricus appelait les « choses apparentes », qui ne s'opposent pas au non-apparent, mais qui, simplement, cohabitent avec cette autre instance que saint Augustin nous présente comme la simultanéité et qui nous parle concrètement de la quotidienneté de l'éternité, de l'accessibilité dans nos vies finies de l'infini. L'homme et le phénomène de la vie se développent dans le temps et l'espace sans que pour autant ceux-ci existent « en soi », d'où la tension permanente de l'existence, qui n'est jamais donnée une fois pour toutes, même dans ce qui depuis le sens commun apparaît comme le plus évident et indiscutable.

Ce n'est donc pas l'acte qui s'inscrit dans le temps et l'espace, mais le temps et l'espace qui n'existent que dans l'« ici et maintenant » comme fragments du devenir. Ils prennent leur source dans ce devenir, dans cet acte dont ils sont un mode de la représentation. De sorte qu'il n'existe pas d'autre temps et d'autre espace que ceux qui servent pour représenter la situation présente. Le passé comme le futur existent comme dimensions présentes de la situation actuelle, le passé comme surdétermination, le futur comme virtualité, mais passé ou futur ne correspondent pas à d'autres fragments identiques à la situation actuelle ; ils sont « virtuels ».

Un exemple classique explique bien cette confusion dès lors que l'espace et le temps se transforment dans la perception courante en réalités en soi, autonomes. Il s'agit du fameux apologue de Zénon mettant en scène une course entre Achille et une tortue. Cette dernière part avec un peu d'avance sur le premier, et, étant donné que le temps et l'espace que doit parcourir Achille pour rattraper la tortue sont en principe divisibles à l'infini, celui-ci ne devrait en aucun cas pouvoir rattraper et dépasser la tortue. Il existe pour ce petit apologue sophistique une réponse qui provient de la logique mathématique moderne, mais qui reprend aussi les positions de Proclus et des néoplatoniciens. Elle passe par la prise en compte des transfinis, ce qui permet qu'Achille rattrape et dépasse la tortue dans « aleph1 ». En effet, comme nous l'avons déjà dit, la logique mathématique moderne, au travers des travaux de Cantor, nous fournit les éléments nécessaires pour comprendre qu'une succession infinie peut être comprise entre deux termes finis et dénombrables. De sorte que l'espace qui existe entre la tortue et Achille, bien que pouvant être divisé à l'infini, est malgré tout compris au sein d'un espace, d'un intervalle fini et dénombrable.

Mais ce qui nous intéresse ici, c'est le présupposé sur lequel repose cette histoire, à savoir que le temps et l'espace existent en soi et qu'ils sont divisibles à l'infini : ce qui se passe (la course) a lieu dans un cadre spatio-temporel qui préexiste à la course (espace et temps vides qui attendent les activités qui doivent les occuper). Bergson, dans *Matière et Mémoire*, répond à cette question, pour sa part, de la manière suivante : « Mais nous ne voyons rien là que de très naturel, puisque le mouvement est un fait indivisé ou une suite de faits indivisés, tandis que la trajectoire est indéfiniment divisible [4]. »

Le temps et l'espace sont pour Kant des intuitions pures, non qu'une table ou qu'un lit ne soient à leur tour des « intuitions », mais parce que, dans le cas du temps comme de l'espace, il n'existe rien d'autre que l'intuition, il n'y a pas un « en soi » du temps ou de l'espace qui soit « derrière » ou fonde cette intuition. Le mouvement apparaît

4. Henri BERGSON, *Matière et Mémoire*, PUF, coll. « Quadrige », 1965, p. 214.

alors ici comme l'« activité de l'étant qui coïncide avec son essence », c'est-à-dire le devenir comme activité propre à l'être, alors que le temps et l'espace, c'est-à-dire la trajectoire comme représentation du devenir, sont divisibles puisqu'il s'agit de représentations et non du mouvement du réel.

La « forclusion » du présent

Cet instant, cette fulgurance que nous appelons « présent » devient, dans la vision du temps qui passe, une quasi-illusion, une formalité, une abstraction, à tel point que nous pouvons dire que si le temps existe « en soi », le présent, comme seule dimension où notre vie se développe et se déroule, n'existe pas. Seuls existent alors le passé et le futur. C'est ainsi que l'on trouve, dans la culture occidentale, comme nous l'avons évoqué à plusieurs reprises, une véritable « forclusion » du réel, du réel comme devenir, comme activité des situations et de leurs devenirs dans leur réalité de multiples disparates, la mesure de leur représentation finissant par les unifier et les dominer.

Nous pouvons ainsi parler de « réel-devenir » en poursuivant la réflexion de Damascius, dans le sens où l'être, le réel ne relève pas d'une « autre dimension », « en soi », mais est ce devenir, cette activité même. Cette « forclusion » du réel provoque une véritable inversion spectaculaire où la représentation prend la place du devenir-réel qu'elle représente. Il est bien entendu que la représentation est une dimension de la situation et par conséquent une dimension du réel, mais, dès lors qu'elle prend la place du réel, c'est un peu comme si un corps se mettait à suivre docilement sa propre ombre. Nous assistons alors à la construction d'un simulacre dans le sens de la mise en place d'un mécanisme de perte de puissance d'une situation. Le problème n'est donc pas que la représentation ne représente pas suffisamment bien une forme du réel qui existerait en soi, mais qu'elle tend à unifier ce qui, dans le réel, est multiple et devenir.

Le temps et l'espace, comme toute représentation, sont, par rapport au devenir, par rapport à l'activité de l'étant, des « périphrases », des hypothèses, sans pour autant que nous puissions évoquer une « phrase » dont ces périphrases seraient des imitations. Ainsi, les périphrases existent en tant que périphrases d'une phrase qui n'existe pas comme un « en soi » hors de portée. Lorsque la périphrase (la représentation) sature la situation qu'elle représente, nous nous trouvons en présence d'un simulacre, puisque la représentation tend à éliminer le devenir, la puissance de l'être de la situation à laquelle elle appartient. C'est pour cela que le spectacle, dans le sens de la société du même nom, n'est plus une représentation mais la constitution d'un simulacre. Tout énoncé est ainsi « périphrase » dans la mesure où il ne sature pas, où il ne ferme pas le devenir en fonction duquel il existe. En ce sens, la philosophie de la situation s'inscrit de fait contre le dogmatisme classique, puisqu'il ne s'agit pas dans le travail de la praxis de trouver une « bonne forme », mais d'être fidèle au devenir qui construit différentes formes, sans qu'aucune d'elles ne soit jamais définitivement la « bonne ».

L'idéal de l'homme moderne est, comme nous l'avons déjà dit, un idéal de sédentarisation, un idéal de « surcodage », un idéal de « néant » comme le dirait Jankélévitch. Séparé de tout, isolé dans sa propre survie, cet étant sans racines, déterritorialisé de force, rêve et construit des chimères de sédentaire. Si bien que nous nous trouvons au cœur de l'un des grands paradoxes de notre époque néolibérale : jamais aucune culture n'est allée si loin dans le déracinement des gens, dans la rupture des liens sociaux de tous types, jamais aucune culture n'était arrivée à un tel degré de libération des flux, de déterritorialisation ; mais, et en cela réside le paradoxe, une telle culture vit dans le rêve (ou, plus exactement, le cauchemar) de la sédentarisation et hait tout ce qui évoque un quelconque nomadisme libertaire. L'homme moderne ressemble à ces malades arrivés au stade terminal qui, n'ayant pourtant concrètement rien à perdre, deviennent mille fois plus revendicatifs, et craignent de « tout » perdre précisément au moment où ce « tout » se rapproche le plus du néant.

La pièce vide

La conception moderne dominante du temps et de l'espace détermine en quelque sorte un monde conçu comme une série de pièces vides que nous pourrions parcourir en un temps donné. Ces pièces vides communiqueraient entre elles par l'intermédiaire de portes qui auraient comme caractéristique de se comporter comme les valvules du cœur, ne permettant le passage que dans un seul sens. D'où ce rêve, ce désir ancestral, reflété abondamment, notamment par les auteurs de science-fiction, de trouver le moyen de circuler en sens inverse, de trouver la clé permettant de retourner à la pièce précédente, bref de remonter le temps. Sisyphes et Prométhées d'aujourd'hui, nos auteurs de science-fiction rêvent, tout comme chacun d'entre nous, de vaincre les lois ontologiques. Ce vieux fantasme propre à la modernité traduit une fois de plus cette disposition des hommes, qui, dans leur recherche d'invariants, de principes, établissent que ce dont l'existence ne souffre pas le moindre doute, ce sont ces deux coordonnées dites « catégories transcendantes », le temps et l'espace, qui constituent ce monde vide dans lequel seront jetés les étants et les êtres.

C'est ainsi que l'habitant de la « grande bâtisse » rêve de parcourir à sa guise et au gré de ses caprices les différentes pièces sans être limité par les « lois » de l'architecte. Nos contemporains pensent que, après tout, il n'existe aucune « loi » s'opposant à ce qu'un progrès scientifique et technique imaginaire vienne parachever le travail de séparation capable de les libérer en tant qu'individus de la situation à laquelle ils appartiennent. Ainsi, l'individu « réellement autonome » pourra voyager d'une situation à l'autre, sans limites ni barrières. Ce rêve du « tout est possible », que nous lisons comme : « Si tout est possible, alors rien n'est réel », est le rêve d'un monde où, finalement, le virtuel prend le pas sur le réel. Rêve/cauchemar d'un monde définitivement « désacralisé » où les individus seraient venus à bout de la construction de la « tour de Babel rationaliste », et où aucune loi, aucun principe ne serait à la base de l'association des hommes, puisque les individus pourraient enfin être les créateurs et les fondateurs de tout principe et de toute loi. Monde panoptique, sans plis, monde, enfin, sans vie, animé par l'idéal d'arrêter définitivement le devenir, de stopper ce qui en tant qu'activité déconstruit en permanence toute identité saturée de l'individu.

Si le temps et l'espace n'existent pas « en soi », c'est parce que ce qui existe, c'est l'activité, le mouvement qu'ils mesurent. Mais nos contemporains, dans leur obsession de la représentation, rêvent de construire des mécanismes qui leur permettent de contrôler ce qui leur paraît être une « faille » dans leur maîtrise : précisément ce temps et cet espace. De sorte qu'ils agissent comme cet enfant qui, fâché contre la maladie, casse le thermomètre qui lui indique sa fièvre. Vouloir dominer les représentations évite à l'homme de se confronter au réel du devenir, mais le plonge dans l'impuissance et la tristesse.

On se demande souvent comment il est possible que dans un lieu concret où se sont déroulés certains événements historiques, personnels ou relevant de la « grande histoire », dans ces endroits où « il y a eu quelque chose », il ne reste rien. Comme si la mémoire du passé nous parlait d'un lieu qui serait « le même », comme si le temps n'avait pas passé. Cette « mêmeté » est une expression de plus de cet idéal de la fixité. Si nous pouvons concevoir et penser l'activité et le devenir, nous constatons que la seule chose qui existe, c'est l'ici et maintenant. Non un ici et maintenant unidimensionnel, non une instantanéité, mais un présent qui est bien plus épais que ce que nous pourrions croire. Un acte ne se décide jamais uniquement au nom du passé, comme passé qui fut et qui n'est plus, c'est-à-dire passé qui ne serait pas « présent du passé », mais, pour autant, un acte ne se décide pas non plus par une immédiateté du présent comme présent unidimensionnel, pas plus que dans la crainte d'un futur qui nous attendrait dans quelque endroit.

L'acte est toujours actualisation de la situation, du devenir. C'est pour cela que nous sommes « les mêmes » non à travers le temps ou malgré le temps, mais en tant que notre identité existe sous condition d'être identité d'un devenir permanent. Il n'y a pas un « même lieu » ou une « même personne » face à laquelle nous pourrions nous demander : « Où est passé ce qui fut et qui n'est plus ? » Ce qui fut est dans le présent parce que l'être est toujours en devenir, toujours présence. Ainsi, la différence n'est pas un accident du temps, ou une faille de celui-ci, elle est simplement la façon de nommer ce que du devenir de l'être nous pouvons constater à un moment donné.

L'attente comme mode d'être au monde

Les hommes de la modernité, et plus particulièrement nos contemporains de cette culture de la crise, vivent leurs vies comme s'il s'agissait d'une attente permanente. Le présent n'existe que comme ce pont, ce passage qui nous permettra d'arriver à un demain, à un futur que nous attendons. Ce temps de l'attente n'est pas une nouveauté, puisqu'il est caractéristique de la temporalité de la modernité, qui a installé le monde désacralisé au cœur d'une attente messianique d'un futur d'émancipation et de bonheur. Cependant, de nos jours, la rupture du mythe de la promesse d'un monde meilleur et du progrès inéluctable n'empêche pas que nos contemporains conservent la subjectivité et l'expérience de l'attente. Ainsi, l'objet de l'attente a chu, mais son mécanisme, véritable mode d'être au monde, perdure sous la forme d'une constante dépréciation du présent. Non seulement le présent est constamment méprisé, ignoré, mais qui, plus est, il est aussi ce moment de souffrance où nous redoutons le futur tout en pleurant un passé qui est peu à peu devenu aussi illusoire et irréel que ce futur qui est censé nous attendre dans un coin mal éclairé de nos vies. L'homme moderne, aliéné aux représentations du temps, vit de ce fait dans un état de souffrance permanent.

Les moments de vie, les moments de rupture de la survie, par lesquels les hommes peuvent échapper à cette structure liberticide, sont ce que nous pourrions appeler les « expériences d'éternité ». Mais, dans nos sociétés, ils se font chaque fois plus rares, car les hommes se trouvent pris au piège de la machine de la peur, la machine de l'impuissance, qui nous installe au cœur des passions que Spinoza qualifiait de « tristes », passions qui diminuent notre puissance, notre liberté et nous laissent dans l'« espoir », qui toujours nous renvoie à un demain illusoire.

Mais si l'être est « l'activité de l'étant qui coïncide avec l'essence », le réel sera donné par les activités, sachant que par là nous n'entendons pas forcément mouvement, puisqu'il existe en effet de l'activité sans mouvement. C'est pour cela qu'une minute n'est pas, dans le réel de l'activité, dans le réel de l'« œuvre », égale à une autre minute, car ce qui « est » et qui éventuellement peut se voir comparé à autre chose qui « est » aussi, ce n'est pas la mesure, le codage temporel, mais l'activité, le devenir comme être de l'étant. Aussi, du point de vue de l'être, il est impossible d'établir cette sérialité, cette banalisation qui ferait que finalement, au-delà du réel de la situation, les minutes seraient interchangeables entre elles. Si le temps, c'est de l'argent, comme on dit, c'est parce que, justement, le temps, dans la conception moderne courante, partage avec l'argent cette essence de son être comme représentant, comme valant pour... Et, comme le temps, l'argent devient peu à peu non pas le représentant d'un réel, mais l'essence même du réel.

Penser le temps comme dimension de la représentation signifie que le temps n'est pas l'essence des phénomènes, sans pour autant conclure qu'il est un simulacre, un pur relatif. C'est, comme nous le disions, une dimension de l'être, une dimension « x tolérante » dans la mesure où il ne s'absolutise pas en se fermant sur lui-même.

7

L'évanescente fragilité

« Un être humain en vie
Est souple et tendre
Mort, il est dur et raide

« Les herbes et les arbres en vie
Sont flexibles et fragiles
Morts, ils sont secs et recroquevillés

« Ainsi, dureté et rigidité sont compagnons de la mort
Fragilité et souplesse sont compagnons de la vie

« Une armée puissante ne vaincra pas
Un arbre solide sera coupé par la hache

« Le grand et le fort sera abaissé
Le souple et le fragile sera élevé. »

Lao-Tseu, *Tao-tö king* [1]

Au-delà de l'opposition force-faiblesse

Identifier, aussi bien théoriquement que dans la pratique, liberté et domination : tel a été, durant des siècles, l'un des objectifs de la modernité. Était dès lors considéré comme libre toute personne, tout groupe ou toute nation qui parvenait à « dominer » les contraintes que le milieu ambiant, le monde ou la nature lui imposaient. Cette domination est représentée, dans l'imaginaire de l'homme occidental, sous la forme d'une longue lutte ascendante qui allait nous mener, en tant qu'humains, depuis l'« enfer » de la nécessité, de la rareté, de la peur et de la souffrance à ce paradis auquel l'homme se croyait promis, voire dû, paradis d'un

1. Lao-Tseu, *Tao-tö king*, Albin Michel, Paris, 1978.

monde de satiété totale. Et cet état final de maîtrise et de domination était appelé « liberté ». Pour ce modèle d'homme et de société, qui, construit en Occident, devait devenir majoritaire dans le monde entier, il s'agissait de passer d'un état de faiblesse initiale à un état de force toujours croissante. C'est ainsi que l'opposition manichéenne qui organise et caractérise la subjectivité et les pratiques de nos sociétés sera l'opposition « fort-faible ».

La force, idéal de l'homme de la modernité, se définit, nous l'avons vu, par la volonté de maîtrise et de domination des lois mêmes de la nature, mais aussi par son opposition radicale à la « faiblesse », perçue comme la négation même de l'essence et du sens de cet homme tout-puissant. Faiblesse qui ne peut, de ce fait, qu'être éradiquée. En ce sens, la faiblesse sera tout ce qui constitue une entrave, un obstacle à cette volonté de domination. Elle réside ainsi dans le fait de tomber malade ou de ne pas pouvoir satisfaire nos besoins ou désirs. Le vieillissement est un état de faiblesse, tout comme le handicap, ainsi que le fait d'appartenir à certains groupes qui, de par la place qu'ils occupent dans nos sociétés, se situent de fait au sein de la « faiblesse ». Sont faibles les exclus, ceux qui, chaque fois plus nombreux, décrochent du rythme que nous imposent nos sociétés pour pouvoir survivre. Sont de ce fait considérés comme faibles les trois quarts de notre planète, pays et régions qui restent en dehors de la jouissance des richesses, tout comme, dans les pays centraux possesseurs des richesses, des masses entières de gens qui ne peuvent pas bénéficier de ce dont, pourtant, ces pays regorgent.

Non seulement hommes, femmes et enfants sont expulsés de la vie par la force centrifuge de la folie néolibérale, mais la vie elle-même, sous ses différentes et indispensables formes, est exclue du monde. Animaux et forêts, mers et déserts, eau et air sont sinistrés comme les hommes, car, dans ce monde de « forts » et de « faibles », la vie, la terre et le ciel sont du côté des seconds, ce sont des éléments qui n'existent que dans les comptes et les plans des maîtres « forts » du monde, et la survie de la nature elle-même dépend de la possibilité que les forts ont, au nom de leurs intérêts, de l'épargner ou non. Mais remarquons que nos maîtres détruisent ou épargnent d'après une logique strictement économique et à très court terme, logique qui pourtant, paradoxalement, ne peut les épargner eux-mêmes en tant qu'humains, humains et vivants malgré tout et surtout malgré eux-mêmes.

L'homme se positionne ainsi d'emblée comme ce sujet extérieur au monde qu'il habite, pensé comme ce territoire hostile qu'il doit conquérir, dominer. Mais ce territoire, comme nous l'avons largement évoqué, n'est pas seulement extérieur, ou en tout cas cette « extériorité » est complexe, puisque le corps de l'homme, d'une certaine manière, en fait partie. En effet, le corps, en tant que partie de la nature, intègre ce tout substantiel dont le « sujet humain » tente de se libérer, tâche dans laquelle le premier ne cesse pourtant de rappeler son échec au second. Si bien que vieillir ou tomber malade, de même que n'importe quel autre type de diminution des potentialités du corps, sera également interprété comme une marque de cette faiblesse abhorrée et perçue comme dangereuse dans un monde si agressif.

La faiblesse si redoutée est ainsi double. Extérieure, d'abord, parce que le monde, l'environnement apparaissent chargés de menaces. Ou, dans le meilleur des cas, riches de bonnes choses à conquérir, à obtenir, ce qui, alors, fait des autres des rivaux potentiels plus ou moins dangereux. Mais la faiblesse, l'ennemi du sujet moderne, existe aussi sous la forme d'une « cinquième colonne », c'est-à-dire dans l'intérieur même, dans l'intimité de chacun de nous, sous la forme du corps comme « problème », et des mille et une passions, désirs, et autres surdéterminations qui nous imposent un cadre d'action restreint, des limites, ne nous permettant pas d'accéder à cet idéal de la domination, de la maîtrise.

Je suis fort à mes propres yeux dans la mesure où je parviens à faire ceci ou cela, dans la mesure où je suis capable de me retenir et de me dominer dans telle ou telle situation, de la même manière que je serai libre dans la mesure où l'environnement ne me dominera pas. Fatalité d'un côté et liberté-domination de l'autre sont les deux pôles de la configuration tacite d'un étrange personnage dans cette bataille, car s'il est facile d'énumérer l'interminable liste des éléments qui peuvent représenter à différents moments et dans différentes situations un frein pour la « liberté-domination », il est quasiment impossible de décrire ce combattant, ce sujet qui regarde depuis un hypothétique extérieur cet ensemble qui lui est hostile.

L'idéologie et le mythe du pouvoir, structurés autour du mythe du progrès indéterminé, forment la structure intime de cet homme de la modernité, qui, nous l'avons dit, vit en attendant Godot. Notre époque est de ce fait marquée par les passions tristes, où, comme dans toute époque de décadence, les hommes sont surtout préoccupés par la question du bonheur. Le rêve de toute-puissance, qui nous renvoie au cauchemar de la plus grande impuissance, marque de son sceau la subjectivité de notre époque.

Paradoxalement, nos contemporains continuent d'être prisonniers de la structure même du piège qui nous a mené à l'impasse que nous sommes en train de vivre. C'est ainsi que les gens se demandent si nous aurons la « force », le « pouvoir », de vaincre les menaces et les dangers qui nous attendent. C'est comme si, finalement, nous ne pouvions pas imaginer autre chose que la force et la domination pour, ironie du paradoxe, nous sortir de ce monde de force et de domination...

Peut-être, alors, la théorie de la situation peut-elle nous aider à dépasser cet écueil et à penser dans une optique radicalement différente en comprenant et surtout en assumant cette dimension essentielle de toute situation que nous nommons « fragilité ».

Fragilité et situation

Afin d'échapper au piège que nous avons décrit, et d'être en mesure de penser un véritable engagement pour des praxis qui développent la vie, il nous faut commencer par comprendre ce qu'est l'essence même du phénomène de la vie. Souvent, au cours de l'histoire, pour défendre la vie sous toutes ses formes, pour défendre la pensée et la dignité humaine, les hommes et les femmes se sont rassemblés derrière des projets de pouvoir qui tentèrent de faire table rase, de forcer et d'écraser ce mécanisme, ce fonctionnement qui, objectivement, milite contre la vie et sa dignité.

Le paradoxe consiste en ce qu'une telle attitude ne part pas d'une véritable compréhension de ce que l'on veut défendre, et c'est la raison pour laquelle elle emprunte très souvent des voies et des méthodes qui finissent par travestir, voire trahir, son objectif initial. Ainsi, comme nous l'avons vu, si nous disons que le sens même de l'engagement pour la vie, pour la pensée et pour la dignité n'a pas besoin d'une justification, c'est parce que, tout simplement, la vie désire la vie. Comme l'écrit Maître Eckhart : « La vie vit pour elle-même et ne cherche pas pourquoi elle vit... Dieu et le juste ont la même façon d'agir, sans pourquoi. C'est ainsi, sans pourquoi, que le juste fait quelque chose [2]. » Pour développer la vie, pour la défendre, il nous faut d'abord comprendre son essence. Le concept qui, en ce sens, embrasse le mieux cette essence est celui de « fragilité » associé à celui de puissance. Cette vie « sans pourquoi », qui n'est autre chose que la puissance, existe comme pur devenir et fragilité.

La fragilité est, par excellence, ce qui échappe à la dichotomie fort-faible, elle enveloppe ainsi le concept de devenir et de développement comme un ensemble de processus interdépendants complexes et évanescents. La fragilité nous

2. Maître Eckhart, *Œuvres. Sermons. Traités*, Gallimard, coll. « Tel », Paris, 1987, p. 108.

situe d'emblée hors de la pensée de l'ingénieur ou du maréchal qui regardent depuis un « mirador » la situation pour décider ce qu'elle doit devenir. Dans la fragilité, nous sommes dans la coappartenance mutuelle, nous sommes dans la situation où l'intelligence et l'intelligible font partie de la même chose, du même processus. L'orgueil et la pédanterie, qui caractérisèrent le rêve de toute-puissance de la modernité, ont assimilé la fragilité à la faiblesse, et lui ont de ce fait préféré l'image d'une raison forte capable de pénétrer et de conquérir chaque pli et repli du réel. À l'instar du Dr Frankenstein, le rationalisme conquérant de la modernité conçoit les différents habitants et éléments du monde comme une somme sérielle d'objets inanimés. Autant d'objets, autant d'éléments que la raison peut déplier, comprendre et modifier. La fragilité, pour autant, n'implique pas de céder sur l'exigence de la pensée : bien au contraire, assumer la fragilité est ce qui, dans notre situation, dans notre époque, permettra de libérer la pensée de ses chaînes, dans la mesure où cette pensée admettra qu'elle n'est ni l'avant-garde, ni l'*Aufhebung*, ni le maître, ni le créateur de la situation, mais qu'elle en est un élément, une dimension.

Si nous disons « assumer la fragilité », c'est parce qu'il ne s'agit pas d'adhérer consciemment à la fragilité et à son concept comme s'il s'agissait là d'un programme politique ou d'une idéologie que l'on pourrait adopter parmi d'autres. La fragilité est ce qui nous permet de sortir du mythe de l'homme-individu créateur des sociétés et des civilisations que nous avons évoqué. Loin de ces conceptions, et afin de sortir de ce rêve cauchemardesque de toute-puissance et d'assumer la fragilité de la vie, il nous faut accepter et comprendre que, si les individus peuvent, bien entendu, se donner des principes et des lois dans la société, une société n'existe qu'avec certains principes fondateurs qui ne sont ni décidés ni décidables par les individus, mais qui sont des conditions *sine qua non* pour qu'elle existe. Cela nous conduit à une certaine pacification dans cette guerre que les hommes ont mené contre le réel et la nature. Il s'agit non seulement d'assumer le fait que la tâche de l'homme ne peut pas être de vaincre les principes fondamentaux de la vie, mais de comprendre qu'en outre la victoire à laquelle aspirait l'homme de la modernité contre les lois de la nature est inévitablement une victoire à la Pyrrhus.

La fragilité réside dans le fait que les principes ontologiques n'existent pas comme des lois lisibles ou énonçables, mais qu'ils existent dans et pour la situation comme exigence permanente, comme cet être de la situation qui est activité en coïncidence avec son essence. La fragilité implique que, chaque situation étant complète en elle-même, elle n'est plus à penser ou à comprendre comme si elle n'était qu'un moyen pour arriver à une fin. La fragilité implique qu'on puisse assumer en tant qu'habitant des situations sans les considérer comme transitives, dans le sens où aucune situation n'est un passage entre deux points comme le conçoit l'idéologie du progrès. La fragilité est donnée justement par le fait que, puisqu'il n'y a ni terre promise, ni point historique d'arrivée, comme dans le poème de Cavafy, Ithaque est à chaque moment dans le chemin que nous faisons, dans le devenir vers Ithaque.

Assumer le présent

En ce sens, notre époque est celle de la possible libération d'avec ce mythe liberticide du futur, du demain qui donnait un sens à un aujourd'hui toujours diminué, toujours déprécié. La fragilité est ainsi l'assomption d'un présent plus « épais », d'un présent qui ne possède pas de dieu ni de maître qui, depuis un demain paradisiaque, jugerait ce que nous faisons au quotidien. Sortir de ces logiques historicistes et utilitaristes permet de décider ce qu'il y a à faire dans et pour la situation, en nous libérant finalement de cette vision qui nous fait en permanence évaluer nos actes à la lumière de critères imaginaires transcendants la situation au sein de laquelle, ici et maintenant, nous agissons.

C'est pourquoi l'abandon du mythe du progrès et de la téléologie dans l'histoire implique l'abandon de ce que l'on présentait comme l'impératif de l'universel abstrait. Car la vie ne se développe et n'existe comme exigence qu'à travers des universaux concrets. Notre question depuis la fragilité ne saurait ainsi être : « Comment pourrions-nous avoir le pouvoir de tout changer à notre guise ? », mais bien au contraire : « Quelles sont les actions restreintes qui nous permettent de développer la puissance de la vie de la situation pour la situation ? » Il s'agit donc de sortir du monde virtuel du spectacle, qui dénigre et humilie la vie concrète. Abandonner la position du mirador, abandonner nos espoirs tristes d'une transcendance transsituationnelle, non pour renoncer à la liberté, non pour démissionner, mais, bien au contraire, pour assumer finalement les voies du désir et de la liberté.

Le désir, contrairement à ce que l'on a pu croire au travers de la lecture de certains auteurs, n'est pas quelque chose qui puisse se penser comme désir d'un sujet individuel. Le désir, nous l'avons vu, est une des figures de ce processus situationnel qu'avec Whitehead nous présentions comme la « concrescence », c'est-à-dire ce devenir et ce développement de la situation en tant que telle. Les sophistes postmodernes, qui ont assimilé le désir aux petites envies des individus, ont eu peur qu'un tel désir individuel, qu'ils concevaient sans foi ni loi, puisse investir la barbarie. C'est comme si, pour les défenseurs de l'individu, le « potiron autonome » se baladant sur la surface de la terre pouvait tantôt, et au gré du plus grand des hasards, désirer une femme, une voiture, etc., et oh ! horreur du désir ! pouvait aussi investir, tout à coup, la barbarie. Nous voyons bien là la suite logique, le corollaire inévitable de la société de l'individu. Si l'individu est créateur de principes, son désir lui-même n'a pas de principes ni de limites. C'est pourquoi, entre le « désir » de massacrer, par exemple, quelques milliers de Cambodgiens, celui de peindre un tableau ou l'entêtement pour découvrir un vaccin, point de hiérarchie, point de principes fondamentaux en mesure de les différencier. Il ne reste plus alors aux idéologues de la postmodernité et du néolibéralisme qu'à adopter une position larmoyante en souhaitant de toutes leurs forces que les individus ne désirent pas la barbarie.

Or fragilité veut dire que dans cette concaténation propre à la situation, le désir est toujours le point de fuite, la tendance de vie qui crée et qui existe dans chaque situation. On ne peut pas désirer la barbarie, car celle-ci n'est pas autre chose que l'extinction même du désir et à terme de la situation. Nous, en tant que personnes, nous pouvons en revanche participer au devenir désirant de la situation en découvrant en nous-mêmes, en abritant et en développant ce noyau chaud de vie, de joie et de liberté dont nous sommes porteurs. La personne participe au désir comme elle participe à la liberté non pas parce qu'elle le choisit, tel un individu dans un supermarché, mais, au contraire, parce que, en tant que personnes, nous sommes bel et bien responsables de ce que nous n'avons pas choisi.

Nous retrouvons ici ce que nous développions précédemment dans le sens d'une véritable réconciliation entre le destin comme donne et tendance de la situation, et la liberté comme pratique. Assumer le destin veut dire justement être libre, car nous assumons la responsabilité de ce que, pourtant, nous n'avons assurément pas choisi. C'est ainsi que la personne, contrairement à l'individu, assume la position fragile de se savoir n'être pas *causa sui*.

L'utilité de l'inutile

Il ne s'agit pas pour nous, en tant qu'hommes, d'être respectueux ou non des animaux, des forêts, de l'air ou de la mer, nous n'avons pas à préférer de façon arbitraire le partage et l'amour à l'égoïsme et à la haine : nous ne pouvons qu'assumer ces tendances, car toute défection serait tout simplement suicidaire. Le capitalisme a construit cette image aberrante d'un homme qui détruit la vie sur la planète en poursuivant ce qu'il croit être ses intérêts particuliers. On essaie ainsi de penser le monde en termes d'utilité et d'intérêts, en ne respectant que ce qui nous apparaîtra comme utile. Mais comme nous l'avons évoqué et comme le disent les sages taoïstes : « Tout le monde connaît l'utilité de l'utile, mais personne ne sait l'utilité de l'inutile [3]. » Comme l'écrit aussi Stanislas Breton : « Or le plus étrange dans cette étrange histoire, c'est que l'agir qui ne fait rien, loin d'annuler, est ce qui donne au monde sa consistance dans l'être [4]. »

Nous pourrions ainsi, dans la logique utilitariste, nous demander à quoi sert la poésie, à quoi sert la musique, à quoi servent la solidarité et l'amour entre les hommes, ou bien encore à quoi servent le respect de la vie des animaux, le respect de la nature. Des gens bien intentionnés, afin de s'opposer à la folie néolibérale utilitariste, tentent de démontrer l'utilité profonde de ces choses-là. C'est aussi ce qu'ont fait un certain nombre de révolutionnaires dans ce siècle en essayant d'opposer à l'utilitarisme capitaliste un utilitarisme socialiste.

Il ne s'agit nullement de regretter l'histoire, mais, si nous voulons que tant de souffrances et d'efforts révolutionnaires n'aient pas été vains, il faudra bien en tirer la conclusion qu'un utilitarisme « alternatif » ne saurait en aucun cas vaincre l'utilitarisme capitaliste, car le capitalisme est dans

3. TCHOUANG-TSEU, *op. cit.*, p. 58.
4. Stanislas BRETON, *Matière et Dispersion*, Jérôme Millon, Grenoble, 1993, p. 181.

son essence même la conception que le monde, la nature et les hommes sont des utilisables. Il ne peut donc pas, par définition, exister d'alternative utilitariste au capitalisme. La radicalité qui passe par la fragilité exige qu'on soit capable de défendre la vie, non au nom d'excuses délirantes d'utilité, mais bel et bien en assumant l'évanescence même de cette fragilité, c'est-à-dire l'utilité de l'inutile. Ce qui existe n'existe pas comme l'expression d'un sens profond et inévitable, ce qui existe existe sur une tension permanente de non-sens, et l'être n'est pensable qu'en tant que procession du non-être.

Il ne s'agit pas, ainsi, d'expliquer que la poésie, la justice ou l'amour sont de bons moyens pour arriver à un bien futur, il faut au contraire construire ici et maintenant des situations sociales capables d'assumer que le partage, la poésie, etc., sont des biens et des fins en soi ici et maintenant. C'est pourquoi nous disions que la fragilité est ce qui nous permet de penser notre vie en termes d'actions restreintes et d'universel concret, en nous libérant finalement de cette chimère liberticide d'un universel abstrait, d'une totalité par rapport à laquelle nos actes concrets seraient à juger.

Fragilité et menace

Les impasses vers lesquelles nous ont conduit l'orgueil et le rêve de toute-puissance facilitent la compréhension de la critique d'une pensée en terme de pouvoir ainsi que la compréhension du principe même de fragilité. Aussi nos contemporains voient-ils plutôt d'un bon œil toute tendance à dégager la puissance du pouvoir. Mais ce qui semble bien plus solidement ancré dans les esprits, c'est la croyance profonde que l'objectif de tous les devenirs de puissance reste le pouvoir. Ainsi, le développement d'une myriade d'expériences de solidarité alternatives sera considéré avec beaucoup d'intérêt par nos contemporains, mais ils finiront toujours par se demander : quand est-ce qu'on passe aux « choses sérieuses » ?, c'est-à-dire : quand va-t-on enfin s'occuper du pouvoir central ? À cela nous avons déjà répondu qu'une pensée de la puissance considère ce qui se dénomme « pouvoir central » comme un élément de plus, ni fondamental ni minime, dans la multiplicité de la situation. Et là aussi nos contemporains sont prêts à nous suivre.

Mais là où l'assomption de la fragilité pose véritablement problème, c'est face aux menaces concrètes qui assombrissent ici et là l'horizon de nos situations et de nos cultures. Ainsi, en France, par exemple, le développement accéléré du courant fasciste inquiète à juste titre une partie de la population. Et face au fascisme, face aux amoureux de la mort, assumer la fragilité revient pour certains à céder à la barbarie, voire à collaborer. Face à la force, on demande la force, et on demande, face au pouvoir du fascisme, un pouvoir de l'antifascisme. Or le fascisme, comme les courants intégristes qui fleurissent en cette fin de millénaire, ne surgit pas n'importe où ni n'importe comment. Nous pensons que ces courants de la haine existent comme de véritables symptômes du monde sérialisé du néolibéralisme. Ces courants surgissent dans un monde envahi par les messages du pouvoir déclarant qu'il est possible de donner encore un coup d'accélérateur au processus de désacralisation et de déterritorialisation capitaliste.

Dans le monde du virtuel, tout est possible et rien n'est réel. Dès lors, il est possible d'écraser n'importe quel homme, n'importe quelle culture au nom du profit, il est possible de cloner les êtres humains ou de choisir leur sexe et leur couleur de peau, pour peu que les lois du marché l'exigent. Tout est possible : nous sommes là dans une réalité analogue au vécu douloureux de la psychose. Pour les psychotiques, en effet, rien ne fait barrage à la destruction du monde et de la réalité. Le délire surgit comme une tentative malheureuse, car condamnée à l'échec, pour redonner du sens, pour remettre de la civilisation, là où, proprement dit, « tout fout le camp ».

Aussi nos sociétés produisent-elles chez les « moins bien armés » des processus délirants qui, au-delà de leur contenu, sont néanmoins des tentatives pour réparer et reconstruire une réalité jugée invivable. Délirer sur les races, délirer sur les peuples, sur les nations, sur les étrangers, permet à une énorme quantité de gens de se protéger d'une réalité insupportable. C'est pourquoi ce n'est certainement pas en luttant point par point contre le délire qu'on arrivera à réduire la menace qu'il représente pour nos sociétés. Il est en effet ridicule et inefficace de tenter de démontrer que le contenu du délire est délirant. La tentation de s'opposer par une force globale à la force du délire fasciste ne saura que faire grandir les causes de l'activité délirante. Ce n'est qu'à travers la construction de liens au nom de la solidarité et de la vie qu'on pourra rendre celle-ci plus vivable et ainsi s'attaquer aux causes de cette activité délirante. La puissance comme activité de création, de lien et de vie n'a certainement pas comme vocation de devenir pouvoir. À l'inverse, la puissance se démultiplie par la création de réseaux et de lieux de contre-pouvoir. Il ne s'agit donc pas tant de s'attaquer à la séduction du mal, que de créer des raisons positives de re-aimer le bien.

Nos contemporains se demandent à juste titre si nous ne sommes pas là à l'aube d'une époque noire. Pour ce qui est d'une aube, nous pouvons toujours répondre que, en sortant d'une vision européocentriste, c'est une aube bien tardive, car la barbarie comme production délirante ripostant à la destruction néolibérale est déjà très avancée de par le monde, y compris en Europe, comme nous avons pu le constater récemment.

Alors, nos contemporains demandent très paradoxalement la venue d'un homme providentiel ou d'un parti messianique capables d'enrayer le processus de barbarie. Dans leur peur, ils ne se rendent pas compte que, en demandant ainsi la venue d'un maître, ils ne font pas autre chose qu'huiler les rouages de la machine fasciste. Il ne s'agit pas de divaguer au sujet d'un soi-disant maître libérateur pour s'opposer au maître fasciste ou intégriste. Assumer la fragilité signifie tout bêtement se reconnaître en tant qu'habitant d'une situation, d'une époque, et cesser de s'y croire parachuté par hasard, car, pour ainsi dire, nous sommes cette situation, nous sommes cette fin de millénaire.

Se rendre présent au présent

La question n'est donc pas d'imaginer dans quelle situation on aimerait vivre, mais plutôt d'assumer de la façon la plus efficace possible les pratiques et les voies de la liberté dans notre situation. Autrement dit, de pouvoir « se rendre présent au présent que nous vivons ». Cette formulation signifie à sa manière ce qui est l'essence même de l'« éthique de la vie », c'est-à-dire pouvoir ne pas nous absenter du présent que nous vivons, du présent que nous sommes. La collaboration n'est autre chose que cette pente savonneuse sur laquelle les gens glissent peu à peu jusqu'à cette « absence » si particulière qui consiste à ne pas assumer l'exigence des situations qui nous composent et que nous composons. Ainsi, « s'absenter du présent » prend la forme de la personne qui dit avoir obéi aux ordres pour justifier l'horreur. Ou celle de la personne qui ne se contente pas d'être un spectateur de sa vie et du monde dans lequel elle vit, mais qui s'y sent comme un invité extérieur.

Se rendre présent au présent signifie, dans le cas des différentes menaces que nous vivons en cette fin de millénaire, ne pas nous demander avec peur : « Que va-t-il se passer ? », mais savoir que ce qui se passera, c'est ce que nous construisons et faisons au présent. Se rendre présent au présent n'implique pas une toute-puissance, mais, simplement, que nous n'« ignorions » pas ce qui nous constitue.

En d'autres termes, si la devise du fonctionnaire, du collaborateur, du conformiste ou du flic est : « Circulez, y a rien à voir », l'éthique de la situation consiste à assumer cette position où nous considérons que, au contraire, il y a certainement quelque chose à voir, et, qui plus est, que cela nous regarde.

Quelqu'un peut déclarer : « J'aimerais vivre dans une société libre, j'aimerais que la joie règne », mais il se trouve que la joie et la liberté n'existent que comme devenirs dans chaque situation ; ainsi, les habitants d'une situation dangereuse ne sont pas moins libres que ceux qui habitent dans une époque lumineuse. C'est pourquoi assumer la liberté dans notre situation, c'est aussi faire avancer les passions joyeuses en faisant reculer la tristesse. Il faut pour cela non pas se dire : « Je voudrais vivre dans une société libertaire », mais assumer le fait que le caractère libertaire d'une société n'est pas le propre d'une situation quelconque, mais ce qui existe comme un tout, comme un universel concret dans chaque situation, lumineuse ou obscure, dans la mesure où on l'assume et où on la construit. Après tout, la tâche d'un homme libre face à une situation d'avancée du fascisme n'est pas tellement de rêver dans quelle situation idéale il aimerait vivre, mais d'assumer la liberté qui existe dans chaque fait de résistance, en reprenant là le concept de Deleuze, pour qui résister, c'est construire, créer.

Peut-être que depuis Thomas Müntzer la promesse de cette fameuse société de justice et de liberté était associée à la fête. Ainsi, chacun de nous était invité à rêver au sujet de cette fête, qui se voyait toujours ajournée à cause du mauvais temps. Assumer la fragilité n'est donc pas une morale de la résistance en termes de martyrs, de souffrance ou de peine. Bien au contraire, la fragilité, c'est ce qui nous met à chaque instant à portée de la main cette fameuse fête, qui n'est plus sous la coupe de l'image triste de la promesse, mais de cette totalité en actes qui nous dit que cette transcendance à laquelle l'homme aspire n'est pas à rechercher dans une autre situation éventuelle, sur une terre promise ou dans les cieux, pas plus que dans le délire scientiste d'un individu immortel, fût-ce par clonage. Cette transcendance existe bel et bien dans l'immanence de chaque situation.

Or les modes d'assomption de la liberté, les modes de l'engagement ne peuvent pas être ceux de l'individu, qui adhérerait en extériorité à un projet donné, comme le pensent nos contemporains qui conçoivent l'engagement en terme d'investissement. Dans cette optique, les gens adhèrent à un groupe, à un parti ou à un projet en fournissant une certaine quantité d'efforts, soit en temps soit en argent, en escomptant en retour une certaine quantité de bénéfices, c'est-à-dire une efficacité concrète.

L'engagement est plutôt, à notre avis, à penser dans les termes de la métaphore de ce sage bouddhiste qui, voyant dans le ciel un moineau poursuivi par un faucon s'écrie : « Je voudrais bien donner un morceau de ma chair pour sauver ce moineau. » C'est alors que, raconte l'histoire, descend des cieux une balance à deux plateaux. Sur l'un des plateaux se pose le moineau, tandis que, sur l'autre, le sage dépose un morceau de sa chair qu'il arrache. Mais cela ne suffit pas pour établir l'équilibre. Le sage s'arrache alors successivement d'autres morceaux de chair jusqu'au point où son corps tout entier y passe, sans que toutefois l'histoire nous dise s'il parvient ou non à sauver le moineau.

Une des « morales » de ce conte, c'est que tout engagement en situation se fait sous le mode du « nous ne pouvons pas nous épargner » : dans chaque situation, pour chaque moineau, pour chaque lutte pour la justice, pour chaque création, « nous y passons » tout entiers. Mais à cela l'homme « progressiste » de la modernité s'écriera que donner le corps d'un sage tout entier, fût-il bien dodu, pour, éventuellement, sauver un petit moineau, ne constitue pas une action d'une efficacité positive. C'est que notre progressiste pense l'engagement en terme d'utilité. Quelques-uns de nos contemporains sont prêts à assumer des risques majeurs si la situation l'exige. Mais l'opinion publique ne jugera ce geste de se donner tout entier qu'au vu de l'efficacité et du résultat de l'acte, c'est-à-dire uniquement par rapport à son bénéfice dans une situation future.

Or, si nous sommes convaincus de « l'utilité de l'inutile », c'est parce qu'il n'y a du « tout » (de la totalité) que dans la partie. L'efficacité de chaque acte libre se trouve dans l'acte lui-même. Cela ne veut nullement dire que nous méprisions la défaite ou la victoire, mais plutôt qu'une telle évaluation doit être problématisée. L'histoire est remplie de défaites qui furent des victoires, comme de victoires qui furent des défaites, la seule vérité, en cette matière, est que toute évaluation est toujours très relative. En effet, les acteurs d'une situation sont très mal placés pour évaluer le résultat de leurs actes. Soit nous sommes tout entiers dans la situation, et de ce fait tout ce que nous pouvons faire, c'est « faire ce qu'il faut faire », soit nous nous extrayons dans l'imaginaire de la situation pour évaluer depuis un mirador imaginaire (délirant) notre acte, et nous nous condamnons alors à l'impuissance. Il s'agit donc non pas de ne plus se demander à quoi sert un acte, mais plutôt de comprendre que ce « à quoi ça sert » n'est qu'un effet de surface, une dimension de l'acte.

Les hommes qui dirigent (ou aimeraient pouvoir diriger) l'économie et le monde apparaissent à nos yeux comme des gens « sérieux », les « adultes » d'une humanité qu'il faut orienter et diriger. Face à ces hommes, face à ces images de « sérieux », toute pensée, toute pratique de solidarité apparaît comme un simple infantilisme, comme une bonne intention certes « compréhensible », mais néanmoins peu sérieuse. Les « puissants », les « grands » de ce monde se donnent même le luxe de se préoccuper de leur « esprit », de leur éthique : c'est ainsi que fleurissent parmi eux une série de pratiques plus ou moins sectaires, plus ou moins ésotériques, qui les confortent dans l'idée que la liberté et un certain degré de spiritualité relèvent d'une question intérieure.

Les barbares qui détruisent le monde au nom de leur intérêt peuvent ainsi jouir de la bonne conscience que leur fournissent sans plus d'efforts gourous et autres psychologues, qui, en brossant la bête dans le sens du poil, leur procurent un « supplément d'âme ».

Nous pensons, pour notre part, qu'il s'agit d'assumer concrètement cette « résistance-construction » qui passe par le développement d'une myriade de relations non utilitaires avec les autres, avec le monde et avec nous-mêmes. Disons-nous bien que, si les « grands » apparaissent comme « sérieux », le sérieux dont il s'agit là est celui des amoureux de la mort. Opposons-lui au travers de mille fêtes libertaires le vrai sérieux, celui de la pensée, de la solidarité, de la création. Aujourd'hui, il n'y a rien de plus sérieux que de construire les mille voies subversives de résistance à la folie utilitaire du néolibéralisme, qui détruit la vie et la liberté. Soyons sérieux dans le sérieux des passions joyeuses des devenirs libertaires. La question ne sera plus alors de savoir si l'horreur est possible, mais de savoir que la joie est bien réelle dans la mesure où nous commençons à la construire ici et maintenant.

Table

La Découverte/Poche

Yvon Garlan, *Guerre et économie en Grèce ancienne.*

Peter Garnsey et Richard Saller, *L'Empire romain.*

Jacques T. Godbout, *L'esprit du don.*

Nilüfer Göle, *Musulmanes et modernes.*

Anne Grynberg, *Les camps de la honte.*

E.J. Hobsbawm, *Les bandits.*

Will Kymlicka, *Les théories de la justice. Une introduction.*

Camille Lacoste-Dujardin, *Des mères contre les femmes.*

Yves Lacoste, *Ibn Khaldoun.*

Bernard Lahire (sous la dir. de), *Le travail sociologique de Pierre Bourdieu.*

Bruno Latour, *Nous n'avons jamais été modernes.*

Bruno Latour, *Pasteur : guerre et paix des microbes.*

Bruno Latour, *Politiques de la nature.*

Bruno Latour et Steve Woolgar, *La vie de laboratoire.*

Prosper-Olivier Lissagaray, *Histoire de la Commune de 1871.*

Geoffrey E.R. Lloyd, *Pour en finir avec les mentalités.*

Georg Lukacs, *Balzac et le réalisme français.*

Armand Mattelart, *L'invention de la communication.*

Armand Mattelart, *La communication-monde : histoire des idées et des stratégies.*

Armand Mattelart, *Histoire de l'utopie planétaire.*

John Stuart Mill, *La nature.*

Arno Mayer, *La « solution finale » dans l'histoire.*

Gérard Mendel, *La psychanalyse revisitée.*

François Ost, *La nature hors la loi.*

Élisée Reclus, *L'homme et la Terre.*

Roselyne Rey, *Histoire de la douleur.*

Maxime Rodinson, *La fascination de l'islam.*

Maxime Rodinson, *Peuple juif ou problème juif ?*

Richard E. Rubenstein, *Le jour où Jésus devint Dieu.*

André Sellier, *Histoire du camp de Dora.*

Jean-Charles Sournia, *Histoire de la médecine.*

Isabelle Stengers, *Cosmopolitiques* (2 tomes).

Francisco Vergara, *Les fondements philosophiques du libéralisme.*

Jean-Pierre Vernant, *Mythe et pensée chez les Grecs.*

Jean-Pierre Vernant, Pierre Vidal-Naquet, *Mythe et tragédie en Grèce ancienne* (2 tomes)

Michel Vovelle, *Les Jacobins.*

Max Weber, *Économie et société dans l'Antiquité.*

Max Weber, *Le savant et le politique.*

William Foote Whyte, *Street Corner Society.*

C. Wright Mills, *L'imagination sociologique.*

BUSSIÈRE CAMEDAN IMPRIMERIES
GROUPE CPI

Reproduction photomécanique
et impression Bussière Camedan Imprimeries
à Saint-Amand-Montrond (Cher) en janvier 2004
Dépôt légal : février 2004.
N° d'impression : 040182/1
Imprimé en France

Jean Guisnel, *Guerres dans le cyberespace.*

Jean Guisnel, *Libération, la biographie.*

Joseph Klatzmann, *Attention statistiques !*

Paul R. Krugman, *La mondialisation n'est pas coupable.*

Pierre Larrouturou, *Pour la semaine de quatre jours.*

Jean-Pierre Le Goff, *Les illusions du management.*

Jean-Pierre Le Goff, *Mai 68, l'héritage impossible.*

Pierre Lévy, *L'intelligence collective.*

Pierre Lévy, *Qu'est-ce que le virtuel ?*

Paul Lidsky, *Les écrivains contre la Commune.*

André L'Hénoret, *Le clou qui dépasse.*

Alain Lipietz, *La société en sablier.*

Gilles Manceron, *Marianne et les colonies.*

Ernest Mandel, *La pensée politique de Léon Trotsky.*

Charles-Albert Michalet, *Qu'est-ce que la mondialisation ?*

Alexander S. Neill, *Libres enfants de Summerhill.*

Sven Ortoli et Jean-Pierre Pharabod, *Le cantique des quantiques, le monde existe-t-il ?*

Daya Pawar, *Ma vie d'intouchable.*

Paulette Péju, *Ratonnades à Paris.*

Michel de Pracontal, *L'imposture scientifique en dix leçons.*

Jeremy Rifkin, *La fin du travail.*

Charles Rojzman, *Savoir vivre ensemble.*

Bertrand Schwartz, *Moderniser sans exclure.*

Armartya Sen, *L'économie est une science morale.*

Victor Serge, *L'an I de la révolution russe.*

Victor Serge, *Vie et mort de Léon Trotsky.*

Maryse Souchard, Stéphane Wahnich, Isabelle Cuminal, Virginie Wathier, *Le Pen, les mots.*

Isabelle Stengers, *Sciences et pouvoirs.*

Benjamin Stora, *La gangrène et l'oubli.*

Pierre Vermeren, *Le Maroc en transition.*

Pierre Vidal-Naquet, *Algérie : les crimes de l'armée française.*

Michel Wieviorka, *Une société fragmentée ?*

Michel Wieviorka, *Le racisme, une introduction.*

Sciences humaines et sociales

Louis Althusser, *Pour Marx.*

Benedict Anderson, *L'imaginaire national.*

Jean-Loup Amselle et Elikia M'Bokolo, *Au cœur de l'ethnie.*

Paul Bairoch, *Mythes et paradoxes de l'histoire économique.*

Étienne Balibar et Immanuel Wallerstein, *Race, nation, classe.*

Stéphane Beaud, *80 % au bac... et après ?*

Miguel Benasayag, *Le mythe de l'individu.*

Yves Benot, *Massacres coloniaux 1944-1950.*

Yves Benot, *La Révolution française et la fin des colonies.*

Bernadette Bensaude-Vincent et Isabelle Stengers, *Histoire de la chimie.*

Philippe Breton, *La parole manipulée.*

François Chast, *Histoire contemporaine des médicaments.*

Jean-Michel Chaumont, *La concurrence des victimes.*

Yves Clot, *Le travail sans l'homme ?*

Serge Cordellier, *La mondialisation au-delà des mythes.*

Georges Corm, *L'Europe et l'Orient.*

Mike Davis, *City of Quartz. Los Angeles, capitale du futur.*

Alain Desrosières, *La politique des grands nombres.*

François Dosse, *L'empire du sens.*

François Dosse, *Paul Ricœur.*

Mary Douglas, *De la souillure.*

Florence Dupont, *L'invention de la littérature.*

Jean-Pierre Dupuy, *Aux origines des sciences cognitives.*

Patrice Flichy, *Une histoire de la communication moderne.*

François Frontisi-Ducroux, *Dédale.*

Dans la même collection

Littérature et voyages

Fadhma Amrouche, *Histoire de ma vie.*

Taos Amrouche, *Le grain magique.*

Ibn Batûtta, *Voyages* (3 tomes).

Louis-Antoine de Bougainville, *Voyage autour du monde.*

René Caillié, *Voyage à Tombouctou* (2 tomes).

Christophe Colomb, *La découverte de l'Amérique. Journal de bord et autres écrits, 1492-1493* (tome 1).

Christophe Colomb, *La découverte de l'Amérique. Relations de voyage et autres écrits, 1494-1505* (tome 2).

James Cook, *Relations de voyage autour du monde.*

Hernan Cortés, *La Conquête du Mexique.*

Bernal Díaz del Castillo, *Histoire véridique de la conquête de la Nouvelle-Espagne* (2 tomes).

Charles Darwin, *Voyage d'un naturaliste autour du monde.*

Homère, *L'Odyssée.*

Jean-François de Lapérouse, *Voyage autour du monde sur* l'Astrolabe *et la* Boussole.

Bartolomé de Las Casas, *Très brève relation de la destruction des Indes.*

Louis-Sébastien Mercier, *L'an 2440, rêve s'il en fut jamais.*

Louis-Sébastien Mercier, *Le tableau de Paris.*

Louise Michel, *La Commune, histoire et souvenirs.*

Martin Nadaud, *Léonard, maçon de la Creuse.*

Paul Nizan, *Aden Arabie.*

Mongo Park, *Voyage dans l'intérieur de l'Afrique.*

Lady M. Montagu, *L'islam au péril des femmes.*

Marco Polo, *Le devisement du monde, le livre des merveilles* (2 tomes).

Mémoires de Géronimo.

Victor Serge, *Le Tropique et le Nord.*

Victor Serge, *Les Années sans pardon.*

Inca Garcilaso de la Vega, *Commentaires royaux sur le Pérou des Incas* (3 tomes).

Essais

Mumia Abu-Jamal, *En direct du couloir de la mort.*

Rochdy Alili, *Qu'est-ce que l'islam ?*

Michel Authier et Pierre Lévy, *Les arbres de connaissances.*

Louis Barthas, *Les carnets de guerre de Louis Barthas, tonnelier, 1914-1918.*

Nicolas Beau et Jean-Pierre Tuquoi, *Notre ami Ben Ali.*

Michel Beaud, *Le basculement du monde.*

Sophie Bessis, *L'Occident et les autres.*

Paul Blanquart, *Une histoire de la ville.*

Augusto Boal, *Jeux pour acteurs et non-acteurs.*

Augusto Boal, *Théâtre de l'opprimé.*

Lucian Boia, *La fin du monde.*

Philippe Breton, *L'utopie de la communication.*

François Burgat, *L'islamisme en face.*

Ernesto Che Guevara, *Journal de Bolivie.*

Daniel Cohn-Bendit, *Une envie de politique.*

Sonia Combe, *Archives interdites.*

Adam Czerniaków, *Carnets du ghetto de Varsovie.*

Frantz Fanon, *Les damnés de la terre.*

Gustave Folcher, *Les carnets de guerre de Gustave Folcher, paysan languedocien, 1939-1945.*

Daniel Guérin, *Ni Dieu ni Maître* (2 tomes).

Roger-Henri Guerrand, *Les lieux.*

Roger-Henri Guerrand, *L'aventure du métropolitain.*

La Découverte/Poche

Yvon Garlan, *Guerre et économie en Grèce ancienne.*

Peter Garnsey et Richard Saller, *L'Empire romain.*

Jacques T. Godbout, *L'esprit du don.*

Nilüfer Göle, *Musulmanes et modernes.*

Anne Grynberg, *Les camps de la honte.*

E.J. Hobsbawm, *Les bandits.*

Will Kymlicka, *Les théories de la justice. Une introduction.*

Camille Lacoste-Dujardin, *Des mères contre les femmes.*

Yves Lacoste, *Ibn Khaldoun.*

Bernard Lahire (sous la dir. de), *Le travail sociologique de Pierre Bourdieu.*

Bruno Latour, *Nous n'avons jamais été modernes.*

Bruno Latour, *Pasteur : guerre et paix des microbes.*

Bruno Latour, *Politiques de la nature.*

Bruno Latour et Steve Woolgar, *La vie de laboratoire.*

Prosper-Olivier Lissagaray, *Histoire de la Commune de 1871.*

Geoffrey E.R. Lloyd, *Pour en finir avec les mentalités.*

Georg Lukacs, *Balzac et le réalisme français.*

Armand Mattelart, *L'invention de la communication.*

Armand Mattelart, *La communication-monde : histoire des idées et des stratégies.*

Armand Mattelart, *Histoire de l'utopie planétaire.*

John Stuart Mill, *La nature.*

Arno Mayer, *La « solution finale » dans l'histoire.*

Gérard Mendel, *La psychanalyse revisitée.*

François Ost, *La nature hors la loi.*

Élisée Reclus, *L'homme et la Terre.*

Roselyne Rey, *Histoire de la douleur.*

Maxime Rodinson, *La fascination de l'islam.*

Maxime Rodinson, *Peuple juif ou problème juif ?*

Richard E. Rubenstein, *Le jour où Jésus devint Dieu.*

André Sellier, *Histoire du camp de Dora.*

Jean-Charles Sournia, *Histoire de la médecine.*

Isabelle Stengers, *Cosmopolitiques* (2 tomes).

Francisco Vergara, *Les fondements philosophiques du libéralisme.*

Jean-Pierre Vernant, *Mythe et pensée chez les Grecs.*

Jean-Pierre Vernant, Pierre Vidal-Naquet, *Mythe et tragédie en Grèce ancienne* (2 tomes)

Michel Vovelle, *Les Jacobins.*

Max Weber, *Économie et société dans l'Antiquité.*

Max Weber, *Le savant et le politique.*

William Foote Whyte, *Street Corner Society.*

C. Wright Mills, *L'imagination sociologique.*

BUSSIÈRE CAMEDAN IMPRIMERIES

GROUPE CPI

Reproduction photomécanique
et impression Bussière Camedan Imprimeries
à Saint-Amand-Montrond (Cher) en janvier 2004
Dépôt légal : février 2004.
N° d'impression : 040182/1
Imprimé en France